Eberhard Nestle

Ein Beitrag zur christlichen Legendengeschichte

Eberhard Nestle

Ein Beitrag zur christlichen Legendengeschichte

ISBN/EAN: 9783743343634

Hergestellt in Europa, USA, Kanada, Australien, Japan

Cover: Foto ©Lupo / pixelio.de

Manufactured and distributed by brebook publishing software
(www.brebook.com)

Eberhard Nestle

Ein Beitrag zur christlichen Legendengeschichte

EBERHARD NESTLE

DE SANCTA CRUCE.

DE SANCTA CRUCE.

EIN BEITRAG

ZUR

CHRISTLICHEN LEGENDENGESCHICHTE

VON

EBERHARD NESTLE.

BERLIN,
H. REUTHER's VERLAGSBUCHHANDLUNG.
1889.

TO THE MEMORY

OF

WILLIAM WRIGHT

† 22. 5. 89.

ON THE OCCASION OF THE

EIGHTH INTERNATIONAL CONGRESS OF ORIENTALISTS

AT STOCKHOLM AND CHRISTIANIA.

Nonum prematur in annum. Im Frühjahr 1880 kamen durch A. v. Gutschmid, beziehungsweise Th. Nöldeke und R. A. Lipsius drei Abschriften in meine Hände, die William Wright im März des genannten Jahrs aus den Londoner Hdss. Add. 12174 und 14644 gemacht hatte: ich solle sie mit einer vollständigen deutschen oder lateinischen Übersetzung veröffentlichen und die syrischen Acta S. Sylvestri mit hereinziehen (Postkarte von Lipsius 4. 4. 80). Zwei der Stücke — alle drei handelten von der Kreuzauffindung — hatte ich selbst schon 3 Jahre zuvor in London abgeschrieben und habe den syrischen Text nach meiner Abschrift in der ersten Auflage meiner Porta (1880. S. 61—78, vgl. Praef. p. VI) zum Abdruck gebracht. Das dritte Stück fügte ich der zweiten Auflage meines Buches ein (1888. S. 113—126) zwischen einem denselben Gegenstand betreffenden Stück aus der Pariser syr. Hds. 234, von welchem ich durch Abbé Martin's Gefälligkeit eine Abschrift besass, und einem andern gleichfalls auf die Kreuzauffindung bezüglichen aus cod. Vatic. syr. 148, das für mich in Rom abzuschreiben Bickell so freundlich war.

Von dem was die folgenden Blätter ausser der Reproduktion der genannten Texte enthalten, ist bis S. 73 von mir im September 1881 ins Reine geschrieben worden; seitdem blieb die ganze Sache liegen. Mitten im Wort, am Ende eines Blattes, hört mein damaliges Ms. auf; ein Teil desselben scheint mir abhanden gekommen zu sein.

Jetzt gebe ich was ich habe; in meiner Lage, ohne eine grössere eigene oder fremde Bibliothek, bei vielen Wochenstunden und kurzen Ferien, kann ich diese abgelegenen und verwickelten religionsgeschichtlichen Untersuchungen nicht fortsetzen. Als ich mich entschloss, die Sache zum Druck zu bringen, um der übernommenen Verpflichtung endlich notdürftig zu genügen, lebte William Wright noch; es lässt sich denken, dass mich die Kunde von seinem am 22. Mai erfolgten Tod doppelt schmerzlich berührte. Wie unvollkommen die Arbeit ist, die ich nun seinem Andenken widmen muss, weiss ich am besten; ich tröste mich mit einem Worte J. A. Bengel's, das mir aus de Lagarde's Symmicta 2,90 lieb ist (s. auch Baumgartner, Z.D.M.G. 40, 514): es sei für keine Arbeit schade, als für die so nicht benutzet wird.

Ulm, 7. Aug. 1889.

E. Nestle.

I.

Im Jahre 1686 erschien zu Dublin ein kleines Büchlein, dessen interessanter Inhalt auf dem Titel folgendermassen verzeichnet war: An History Of the Twofold Invention of the Cross whereon Our Saviour was crucified. Translated out of An antient Aramaean Biologist. Together with An Account of the Conversion of the Ethiopians, out of Abulpharagius's Ecclesiastical History. By Dudley Loftus J. utriusq. Dr. Dublin Printed Anno 1686. [8 unpaginirte, 51 paginirte Seiten 16°]. Aber merkwürdigerweise trotz seines völlig neuen Inhalts, der doch die Theologen und weite Kreise der christlichen Kirche aufs höchste interessiren musste, und trotzdem dass es nicht anonym in die Welt trat, sondern von einem angesehenen Mann herausgegeben und sogar Alla Sacra Real Ma^tà di Maria Regina d' Inghilterra, Scotia, Francia ed Irlandia in einer längern italienischen Vorrede gewidmet war: trotz all dem ist es so sehr in Vergessenheit gerathen, dass als in den letzten 20 Jahren die Aufmerksamkeit englischer Gelehrten wieder auf denselben Gegenstand gelenkt wurde, den dies Schriftchen behandelte, derselbe allen ohne Ausnahme als ein bis dahin völlig unbekannter erschien: von der Erzählung über eine doppelte Auffindung des Kreuzes, von der Existenz dieses Schriftchens verrieth keiner auch nur die geringste Kenntniss, weder Cureton noch seine Mitarbeiter, weder Phillips noch seine Recensenten. Mir war es vorbehalten, ich weiss nicht mehr durch welchen Zufall, in der Bibliothek des

Britischen Museums auf dasselbe zu stossen und in Nr. 4 der Theologischen Literaturzeitung von 1877 davon Mittheilung zu machen.[1]) Ich hatte damals nicht im Sinn, die Geschichte von der Auffindung des Kreuzes Christi zu verfolgen und so bin ich jetzt auf die wenigen Aufzeichnungen angewiesen, die ich mir damals aus diesem Büchlein machte, aber ich wäre sehr gespannt, von einem in England oder Irland lebenden und mit der dortigen Literatur des ausgehenden siebzehnten Jahrhunderts vertrauten Manne zu erfahren, ob und wieweit die Schrift von Loftus damals dort Beachtung gefunden hat und seit wann die Kenntniss ihres Inhalts spurlos verschwand. Dass sie in Deutschland zur Zeit ihres Erscheinens bekannt wurde, ist mir unwahrscheinlich; dem nachzuspüren, fehlt mir an meinem jetzigen Wohnort, fern von allen Bibliotheken, Zeit, Lust und Gelegenheit. In England aber sollte die Schrift um so mehr bekannt worden sein, als der Herausgeber der Dedication an die Königin, in welcher er die Hoffnung ausspricht che questa Historia spiegante la Bandiera di Christo nostro Signore non solo sia per esserle grata, ma altre si accettata da lei come un testimonio della mia fedelissima Servitù noch folgendes charakteristische Vorwort To the Reader beigefügt hat.

> This History of the Cross is here translated out of an antient Oriental Manuscript, transmitted about five years since from Aleppo, by Dr. Robert Huntingdon, now Provost of the Colledge of Dublin, unto the Bishop of Fernes and Leighlin, then Provost of the same. It is contained in an Biologie of Eastern Saints, written in a fair Estrangalar Charakter, wherein the Aramaeans usually write matters of most precious concern. This Character has been of antient rather than of common use, and after it was once discontinued for the space of an hundred years was restored (as Gregorius the Maphrinus of

[1]) Im geschriebenen Katalog des Britischen Museums hat es die Press-Mark 1365a unter dem Generaltitel: Jesus Christ. Ob etwa unter Cross darauf verwiesen wird, weiss ich nicht mehr; ich suchte damals (9. Jan. 77) Materialien zu einer Anzeige von Phillips' weiter unten zu nennenden Ausgabe.

the East saith) in the year 1299 by Mar Johannes Bishop of Carthaman, who learnt it by search and comparing of Manuscripts, and taught it unto his Nephews; one of whom, Emanuel by name, arrived at the highest perfection in the writing of that Character that ever anyone attained unto, as the said Maphrinus in his Ecclesiastical History reports.

In the next place I am to tell thee, that though many pious Historians, and many other primitive Ecclesiastical Authors, who have written the Lives of Saints, and published Narratives of sacred things, were careful to represent undoubted Miracles to Posterity, as the highest motives of Belief, and others have made bold, even to temerity and presumption, in swelling up their History above a due size, with the recital of questionable, if not false and incredible Miracles, seeming by the best construction that can be made of their so doing, to endeavour, under the notion of a pious Cousenage, to obtrude the belief of them on the credulity of some ignorant Ages not long since past, which are now shamefully discredited by a more discerning Generation, and seem to be exploded by the present Bishop of Rome, who (as is given forth) rates questionable Miracles as false Money, put in to fill the Bag, though it adds little or nothing to the value of the Sum; but such is the likelihood of this Narrative, so well agreeing with the Consent and Approbation of other authentick Writers, and the Credit of the Author, so sober and grave in what he relates concerning this Subject, that I shall not need to argue for the Belief of what he delivers; only this observe, that this Author erects the Scheme of the Cross in a situation as far distant from temerary Superstition, as from disdainful Neglect; and though the Cross does not bear in this History so high an Elevation, as it doth in the Romish Ritual, it can give no discontent to that Church, who can find nothing therein blameable; nor to the Church of England, with whom the Signature of the Cross is of so celebrated a use in the Sacrament of Baptism. It is possible that they who think the use of the Cross in Baptism superstitious, may be apt to exclaim against me, as Popishly inclined; but I, who have always followed the rule of the Italian Proverb [Fa bene et lascia dire] need not apologize for what I think well done.

Bei uns braucht er in der That keine Entschuldigung

wenn wir auch seine Überzeugung von der Geschichtlichkeit der von ihm aufgefundenen Erzählung und von ihrer Bedeutsamkeit für die kirchliche Praxis bei der Taufe nicht theilen können; und dankbar sind wir ihm insbesondere noch dafür, dass er uns in diesem Vorwort so genauen Aufschluss über die Quelle gegeben hat, aus der er schöpfte. Trotzdem ist es mir nicht gelungen die von ihm übersetzte syrische Handschrift wieder aufzufinden. In Oxford habe ich sie zuerst gesucht; denn dorthin kamen nach dem Tod R. Huntingdon's seine syrischen Handschriften und bilden einen wesentlichen Bestandtheil der gerade in dieser Beziehung reichen Sammlung der Bodleiana; und ich konnte um so eher hoffen sie dort zu finden, als die Handschrift der Kirchengeschichte des Barhebräus, welcher Loftus die weiteren Notizen des Vorworts und das zweite auf dem Titel verzeichnete Stück[1]) entnommen hat, dort sich findet und als noch eine andere von Loftus benützte Handschrift Huntingdons, die den berühmten Evangelien-Commentar des Dionysius Bar Salibi enthält, dort aufbewahrt ist.[2]) In dem sorgfältigen Catalog von P. Smith[3]) ist die gesuchte aber nicht aufgeführt und auch in Dublin, wohin ich mich brieflich wandte, wusste man von keiner solchen syrischen Handschrift. Wieder einmal ein Fall, wie der der herrlichen Hexaplahandschrift des Masius, wo eine nach Europa gerettete orientalische Handschrift in völlig historischer Zeit völlig — hoffentlich aber nicht für immer — verschwindet.[4])

---

[1]) S. 46: It is thought fit as well for the satisfying of the Curious as for the filling up of Blank Paper, to give the following account of the Conversion of the Ethiopians, as it is found in Abulpharagius his Ecclesiastical History & translated by Dr. L., J. utriusque Dr.

[2]) A clear and learned explication of the history of Our Lord and Saviour etc. Dublin 1695. 4°.

[3]) 11. 5. 89. Ich hatte und habe ihn leider nicht eigen; um so eher ist mein Übersehen (s. u.) zu entschuldigen.

[4]) 10. 5. 89. Die Hds. ist gefunden: Am 15. Okt. 81 brachte die Academy eine Einsendung von mir zum Abdruck: an old Syriac MS lost or hidden in England & Ireland; darauf erhielt ich von R. L. Bensly unterm 18. Okt. aus Cambridge folgenden Aufschluss:

In unserem Fall sind wir etwas entschädigt, da wir uns nicht mit der Übersetzung von Loftus begnügen müssen, sondern da ins Britische Museum seither eine Handschrift gekommen ist, welche dem Inhalt nach, in jeder Hinsicht der von ihm benutzten gleich ist; Add. 12174. Nur freilich ist diese erst im Jahr 1196 geschrieben, während jene, nach den Bemerkungen über den „Estrangalar"ischen Schriftcharakter zu schliessen, etwas älter gewesen zu sein scheint. Ich habe vor 5 Jahren die Dubliner Übersetzung nur soweit

---

. . . You are not correct in your inference, that all Huntingdon's Syriac Mss went to the Bodleian — for we have in the University Library of Cambridge the very Ms of Bar Hebraeus Ecclesiastical History from which Dudley Loftus made his translation. With regard to the MS which contains the Inventio Crucis I feel no reasonable doubt, that it is now in the library of Trinity College, Dublin. I identify it with that numbered 726 (586) in Bernard's Catalogue — a syriac Ms, which contains among other works a treatise „de inventione s. crucis." Should you have any difficulty with regards of consulting the MS, I should be happy to make a collation for you, for I think, the authorities would deposit it at our Library.

I will drop a line to the Academy in answer to your letter — if for nothing else, yet to remove the impression that Mss mysteriously disappear. In der Nummer vom 22. Oct. p. 313 erschien die entsprechende Notiz. Auf meine Bitte um eine Collation der Hds. kam unterm Dec. 23. die weitere überraschende Auskunft.

I obtained the loan of the Syriac Ms from the authorities of Trinity College, Dublin. The article, however, intitled „de crucis inventione" turned out to be only one of the Homilies of Severus. — I felt bound now to do my best to find the Ms for you and looking more closely at D. Loftus' statement that the MS was transmitted by Dr. Rob. Huntingdon unto the Bp of Fernes & Leighlin then Provost of Trinity College, Dublin (i. e. Narcissus Marsh) I began at once to look at the account of the Marsh Collection in Payne Smith's Catalogue of the Syriac MSS of the Bodleian. The very first, Marsh 13, dated (fol. 243 v) A. D. 1177 proved to be the MS, which you are in search of. I have just examined it, on the first page is the signature „Robertus Huntington" and I have made a complete collation of the piece, from which you will see, that there is no mistake about the MS this time. — Die Collation, für welche die Leser mit mir Bensly danken mögen, bringe ich um so mehr unten zum Abdruck, als sie eine Notiz enthält über den Schreiber der Hds., von welcher Bensly schon damals beifügte: this notice of the writer's name would be worth printing.

mit der Londoner Handschrift verglichen, als nöthig war, um mich zu überzeugen, dass beide dieselbe Recension der Erzählung enthalten; eine Vergleichung im einzelnen dürfte vielleicht einige Abweichungen ergeben. Die Überschrift z. B. bei Loftus: A Narrative Concerning the Wood of the Cross of our Redeemer, Setting forth in what manner it was revealed, and shewed unto Men weicht von der in Add. 12174 etwas ab. Von S. 5 bei Loftus [= Z. 30/1 des vorliegenden Textes] habe ich mir die Namen ausgeschrieben: „Honia the Son of Hanan the Priest, and Gorho the Son of Kiphas & Judah Varibedshalam"; letzterer beruht natürlich nur auf einer falschen Lesung des Übersetzers, aber ob beim Namen Gorho (statt Gedalja) nicht auch schon in der Handschrift ein Fehler vorlag, wer will das entscheiden?[1]) Genug, in der Übersetzung von Loftus und in der Londoner Handschrift Add. 12174 ist uns eine syrische Erzählung von einer doppelten Auffindung des Kreuzes Christi erhalten, einer ersten in der Zeit des Petrus und Jacobus, durch eine von Petrus in Rom bekehrte Gemahlin des Kaisers Claudius, deren Name von Loftus Patronica, in der Londoner Hds. Ptrvniqi genannt wird, und der zweiten, sonst bekannten, durch Helena die Mutter Constantins. Der syrische Text dieser Erzählung nach der Londoner Handschrift ist aus S. 61—78 meiner syrischen Porta von 1880 im nachstehenden wiederholt; unmittelbar daran schliessen sich die von mir in der andern Bearbeitung von 1888 veröffentlichten zwei weitern Recensionen der Kreuzeslegende; S. 37/8 sind die Abweichungen der von Loftus benutzten Hds. verzeichnet, und daran ist eine wörtliche Übersetzung der 3 Recensionen angeschlossen.

---

[1]) 10. 5. 89. Bensly bemerkt zu seiner Collation, dass die Hds. wie der gedruckte Text ܘܓܕܠܝܐ habe. Gorho in the translation of D. Loftus I explain thus: (1) misled by a point belonging to the upper line he read ܪ for ܕ; (2) ho must be a printer's error for lio.

II. HISTORIA S. CRUCIS BIS INVENTÆ.

A.) (E COD. LONDIN. ADD. 12174 ANNI 1196.)

ܨܠܝܒܐ ܕܥܠ ܬܫܥܝܬܐ ܬܘܒ ܡܫ 291. b. 2.

ܨܠܝܒܗ ܕܡܫܝܚܐ ܐܬܓܠܝ ܘܐܫܬܟܚ ܠܒܢܝ̈ܢܫܐ

ܒܫܢܬܐ ܕܡܫܡܠܝܬ ܡܢ ܢܝܚ ܠܡܫܝܚܘܬܗ. ܐܝܬ ܘܫܢ̈ܝܢ. ܦܪܘܛܘܢܝܩ ܐܢܬܬܗ ܕܩܠܘܕܝܘܣ ܩܣܪ: ܗܘ ܕܒܬܪܗ ܠܛܒܪܝܘܣ ܬܪܝܢܐ ܕܡܠܟܘܬܗ. ܗܕܐ ܟܕ ܐܝܬܝܗ̇ ܗܘܬ ܫܡܥܘܢ ܟܐܦܐ ܒܪܘܡܝ: ܘܚܙܬ ܒܗ ܢܝ̈ܫܐ ܘܬܕܡܪ̈ܬܐ ܕܥܒܕ ܒܫܡ ܝܫܘܥ ܡܫܝܚܐ. ܫܒܩܬ ܠܦܬܟܪ̈ܐ ܕܐܒܗ̈ܝܗ̇: ܘܗܝܡܢܬ ܕܥܡܗ ܗܘܐ ‖ ܠܗܘܢ ܘܣܓܕܬ ܠܡܫܝܚܐ ܡܪܢ ܀ ܘܦܩܕܬ ܣܠܩܬ ܗܝ ܘܚܙܬ ܠܐܘܪܫܠܡ. ܘܬܪ̈ܝܢ ܒܢܝ̈ܗ̇ ܥܡܗ̇ ܘܚܕܐ ܒܪܬܐ ܒܬܘܠܬܐ. ܘܢܦܩܬ ܠܗ̇ ܐܘܪܫܠܡ ܠܘܩܒܠܗ̇ ܘܩܒܠܘܗ̇ ܒܐܝܩܪܐ ܪܒܐ ܀ ܒܬܘܒ ܕܝܢ ܚܙܬ ܗܘܐ ܐܦܣܩܘܦܐ ܥܡܗ̇ ܒܒܝܬܐ ܕܒܢܝܐ ܬܡܢ: ܘܦܩܕܬ ܘܡܬܒܢܝܐ. ܘܟܕ ܫܡܥܬ ܕܓܓܘܠܬܐ ܐܬܪܗ ܕܨܠܝܒܘܬܐ ܠܐܘܪܫܠܡ. ܐܙܠ ܠܗܘܢ ܠܟܢܘܫܝܐ ܗܘ ܕܒܗ ܐܝܬܝܘܗܝ ܐܚܐ ܕܡܪܢ ܗܘܬ. ܘܟܕ ܚܙܬܗ ܦܓܠܬܗ ܚܘܒܫܢܗ̇ ܐܝܟ ܕܠܡܫܝܚܐ ܟܐܦܐ. ܘܚܙܘ ܠܗ̇ ܫܒܥܐ ܘܬܕܡܪ̈ܬܐ ܐܝܟ ܫܡܥܘܢ ܘܐܬܦܪܬ ܠܗ. ܫܘܐ ܠܗ ܠܓܓܘܠܬܐ ܗ̇ܝ ܕܒܗ̇ ܐܙܕܩܦ ܡܫܝܚܐ. ܘܩܒܪܐ ܕܩܝܡܬܐ. ܕܐܬܬܠܝ ܠܗܘܢ. ܡܫܝܚܐ ܡܢ ܩܝܣܐ. ܘܩܒܪܐ

ܕܐܬܬܦܝܣ ܒܗ.܀ ܐܡܪ ܠܗ ܚܡܘܗܝ. ܬܠܬܝ̈ܗܘܢ ܕܝܢ ܗܠܝܢ ܕܝܪ̈ܚܢܐ ܐܢܘܢ، ܕܐܬܝܗܒܘ ܬܚܘܬ ܐܝܕܐ ܕܗ̈ܢܕܘܝܐ ܐܬܘ̈ܬܗܘܢ. ܘܗܘܝܘ ܐܚܝܕܝܢ ܠܗܘܢ: ܘܠܐ ܫܒܩܝܢ ܠܝ ܕܐܣܒܘܠ ܢܦܠܐ ܬܘܒ ܡܕ̈ܝܢܬܐ ܡܢܝ ܘܡܫܠܛܢܘܬܐ. ܘܐܦܠܐ ܡܕܡ ܕܐܘܣܦܬܐ ܢܟܣܝ ܕܢܬܠܘܢ ܠܝ. ܘܠܐ ܗܘܐ ܟܠܘܡ. ܐܠܐ ܡܒܙܒܙ ܙܕܩܝܢ ܠܝ: ܕܠܐ ܢܦܩܐ ܥܡܗ ܕܡܫܝܚܐ. ܘܕܚ̈ܠܬܐ ܡܚ̈ܡܝܬܐ ܢܚܡܝܢ ܠܝ.܀ ܘܟܕ ܫܡܥܬ ܡܠܬܐ ܗܕܐ. ܦܝܪܘܙ ܘܐܝܬܘܗܝ ܡܕܒܪܢܐ ܠܡܠܟܘܬܐ ܒܪ ܢܫܝܢ ܒܗܘܢ. ܘܠܡܠܟܐ ܒܪ ܡܢܗ. ܘܠܫܘܕܐܐ ܒܪ ܒܟܪ ܫܠܘܡ ܪܫܐ ܕܗ̈ܕܝܐ. ܘܐܡܪܬ ܠܗܘܢ ܐܫܠܡܘ ܡܠܟܘܬܐ ܘܡܕܝܢܬܐ ܘܡܫܩܐ ܕܐܘܣܦܬܐ ܠܩܘܒܕ ܘܐܠܨܘܗܝ ܕܒܝܬܗ ܫܠܝܡ. ܘܒܬܪܝܢ ܫܢܝܢ ܠܡܕܝܢܬܗ ܕܡܕܝ̈ ܘܐܬܩܝܡܬ ܒܝܘܡܘܗܝ ܬܠܬܐ ܙܒܢܝܢ. ܫܢ. ܕܡܕܝ̈: ܘܬܪ̈ܝܢ ܕܗܠܝܢ ܠܒܢܝܐ. ܘܟܕܡܬܐ ܕܒܠܝܬ ܠܡܕܝܢܬܐ ܘܥܡܗ ܒܥܝܢ: ܢܦܠܬ ܒܪܬܗ ܒܟܠܗ ܐܬܪܐ ܘܡܕܝܢܬܐ. ܕܠܐ ܒܐܢܫ ܘܕܠܐ ܒܡܪܘܥܐ. ܘܟܕ ܚܕܬ ܕܡܕܝܢܬܐ ܒܪܬܗ ܡܢ ܫܠܝܡ. ܦܪܥܬ ܗܘܬ ܘܡܫܠܡܬ ܒܪ ܡܪܝܐ ܒܡܕܝܢܬܐ: ܘܐܡܪܬ ܒܠܘܬܗ. ܡܪܢ ܫܡܥ ܡܒܪܟܐ ܕܗܘܐ ܢܦܫܗ ܚܠܦ ܒܢ̈ܝܢܐ: ܘܐܙܕܡܢ ܒܐܬܪܐ ܗܢܐ ܘܡܕܒܪ ܐܝܟ ܕܝܕܥ ܒܪܚܡܘܬܗ. ܘܐܬܦܪܫ ܘܐܣܝܪ ܒܒܗ ܠܡܥܒܕܝܢ. ܠܐ ܢܒܠܘܢ ܗܘܘ ܥܡܐ ܘܩܘܦܐ ܕܦܪ̈ܣܝܐ ܒܝܠܕ̈ܝܗܘܢ ܘܕܫ̈ܠܛܢܝܗܘܢ ܘܢܒܝ̈ܪܘܗܝ ܠܟ ܒܝܬ ܡܠܟܐ ܒܗ ܘܐܡܪܝܢ: ܕܗܠܝܢ ܕܒܥܝܢ ܠܗ ܟܠ ܕܒܥܝܢ ܒܡܠܟܘܬܐ ܕܦܪ̈ܣܝܐ ܗܘܬ ܠܗܘܢ:

ܘܐܬܕܪܬ ܒܡܫܝܚܐ. ܐܝܬ ܡܪܢܐ.. ܗܘܝ ܡܛܠ ܫܡܟ ܡܪܫܐ. ܕܠܐ ܢܬܓܕܦ ܒܐܬܪܐ ܗܢܐ.܀ ܘܟܕ ܗܘ ܐܬܪܐ ܗܘܬ ܗܠܝܢ: ܒܪ ܟܢܗ ܡܫܝܚܐ ܘܐܡܪ ܠܗ. ܫܡܥܘܢ ܠܟ ܡܪܝ ܕܐܡܪܬ ܩܕܡ ܡܠܟܘܬܟ. ܕܐܢܐ ܗܟܢܐ ܦܟܪ ܐܢܐ ܒܡܫܝܚܘܬܟ. ܕܗܢܐ ܡܠܟܘܬܐ ܕܡܫܝܚܐ ܕܝܠܟ: ܠܘ ܗܝܡܢܘܬܐ ܐܝܬܘ. ܐܠܐ ܡܛܠ ܗܘܟܪܢܐ ܬܡܝܗܐ. ܕܐܠܗܐ ܡܫܬܟܚ ܒܗ. ܗܘ ܟܪ ܟܠܝ ܠܡܪܢܐ ܗܢܐ: ܘܐܫܡܥ ܒܗ ܐܬܘܬܐ ܘܬܕܡܪܬܐ: ܘܠܐ ܢܦܫ ܐܢܫܐ ܡܢܗܘܢ ܐܝܬܘܗܝ ܙܟܝܐ ܗܘ ܕܐܬܓܠܝ ܟܠܗܘܢ ܡܫܝܚܐ. ܘܗܫܐ ܐܢܐ ܕܒܡܫܡܗܬܗ ܕܝܠܟ ܡܫܝܚܝܢ ܕܪܕܦ ܐܢܘܢ.܀ ܗܕܡ ܡܠܟܘܬܐ ܟܕ ܢܛܪ ܡܪܢܐ ܗܘܬ ܠܗ: ܒܗ ܒܪܢܐ ܐܬܓܢܒ. ܕܐܠܗܐ ܫܡܥܬܗ ܐܝܬ ܘܐܬܝܩܪܬ ܐܡܪ. ܘܫܠܚ ܗܘ ܒܐܝܕܗ ܚܕ ܡܢ ܪܘܫܐ ܗܠܝܢ: ܘܦܩܕܗ ܥܠ ܫܠܝܚܐ ܕܐܬܬܗ ܘܐܡܪܬ ܒܝܠܗܘܢ. ܡܫܝܚܐ ܐܠܗܐ ܗܘ ܕܝܗܒ ܫܠܝܚܘܬܐ ܒܐܬܪܐ ܗܢܐ: ܐܝܟ ܕܠܡ ܗܘ ܪܘܫܐ ܗܢܐ: ܢܗܘܐ ܢܦܩܝܢ ܘܬܐܡܢܐ ܒܪܬ. ܘܫܬܡܥ ܫܡܟ ܘܢܣܒܘܢ ܦܘܩܕܢܝܟ ܘܢܛܪܘܢ ܗܝܡܢܘܬܟ. ܘܟܕ ܩܒܠ ܚܢܢܐ ܫܠܝܚܐ. ܫܠܚ ܠܗ ܪܘܫܐ ܐܚܪܢܐ ܘܦܩܕܗ ܥܠ ܫܠܝܚܐ. ܘܬܘܒ ܙܠܝܬ. ܘܟܕ ܦܩܕܬ ܫܠܝܚܐ ܢܣܒܐ: ܬܘܒ ܫܠܚ ܠܗ ܬܠܬܐ. ܘܟܕ ܩܒܠܐ ܕܐܬܢܓܕ ܒܬܪܗ ܠܫܡܥܐ ܘܐܬܥܒܕ ܡܢ ܡܪܢܐ: ܘܟܕ ܗܘ ܒܥܒܠ ܠܗ ܡܠܟܐ: ܒܡ ܗܘ ܕܐܡܪ ܫܡܥܐ ܠܫܠܝܚܐ: ܫܠܚ ܘܦܩܕ ܡܫܝܚܐ. ܡܠܟܘܬܐ ܕܡ ܟܕ ܫܡܥ ܗܘܬ ܬܕܡܘܪܬܐ

ܕܗܘܬ: ܓܒܝܫܘܬ̇ ܠܐܠܗܐ. ܘܓܡܝܪܬ̇ ܕܢܨܝܚܐ ܟܝܢܐ ܪܒܐ ܘܡܫܒܚܬܐ. ܟܠ ܡܕܝܢܐ ܘܦܠܚܘܬܐ. ܘܫܘܒܚܐ ܒܝܬ ܓܘܒܐ ܠܬܫܡܫܬܐ. ܥܡܡܐ ܕܝܢ ܕܩܕܝܫܐ ܕܐܬܓܒܝܘ ܒܡܕܒܚܬܐ. ܘܩܒܠܘ ܐܬܦܢܝܘ. ܘܐܙܠ ܠܒܢܝܐ ܠܐܬܪܘܬܐ ܕܝܫܘܥ ܘܠܟܠܗܘܢ ܥ̈ܠܝܡܐ ܕܡܟܪܙܝܢ ܗܘܘ.܀ ܡܕܝܢ ܗܦܟܬ̇ ܡܠܟܬܐ ܠܪܘܡܝ: ܐܫܬܡܥܬ̇ ܡܕܡ ܡܠܟܐ ܠܘܬܗܘܢ ܐܝܟ ܕܗܘ̇. ܘܓܡܕ ܕܢܝܡܘܢ ܩ̈ܕܝܫܐ ܡܢ ܪܘܡܝ: ܘܡܢ ܐܬܪܐ ܕܐܝܛܠܝܐ.܀ ܬܘܒ ܕܝܢ ܘܡܢܩܡ ܦܛܪܝܘܣ ܡܠܟܐ ܦܠܝܦ. ܗܘ ܗܘܐ. ܕܟܠ ܕܢܦܠܘ ܠܢܘܡܘܣܗ ܕܡܫܝܚܐ: ܡܫܡܫܢܝܬܐ ܢܦܠ ܗܘܐ. ܘܐܬܬܪܝܡܬ̇ ܡܪܐ ܕܥܡܐ ܕܩܕܝܫܐ: ܡܛܪܘ ܡܫܬܪܝܢ ܥܡܗܐ ܕܡܫܠܝܚܐ. ܐܝܟ ܕܟܬܝܒ ܗܘܘ ܐܦ̈ܣܩܘܦܘ ܒܢ̈ܝܢܐ. ܘܐܬܟܢܫܘ ܟܠ ܥܕ̈ܬܐ ܐܦܝܣܩܘ̈ܦܐ ܕܡܕܝܢ ܗܘܐ ܒܐܘܪܫܠܡ ܒܝܬܐ ܡܩܕܫܐ ܟܠܗܘܢ ܐܢܫ̈ܐ ܘܡܠܟܘܗ. ܡܛܠ ܕܒܛܠ ܥܡܐ ܕܢܘܗܪܐ ܗܘܐ ܒܡܫܝܚ ܠܘ ܥܒܕ ܗܘܐ.܀ ܩܕܝܫܐ ܕܝܢ ܕܡܫܬܠܡ ܗܘܘ ܒܡܫܝܚ ܥܡܠܗܘܢ ܡܢܗ ܠܝܫܘܥ ܕܢܦܫܗ ܕܪܘܡܝ. ܘܡܫܝܚ ܒܪ ܐܠܗܐ ܐܢܬܘܢ ܗܘܐ. ܘܐܬܦܠܚܘ ܗܘܘ ܩܕܝܫܐ ܕܢܦܫܗܘܢ ܒܟܘ ܐܪܥܐ. ܕܠܐ ܬܘܒ ܢܦܠܘܢ ܠܘ ܒܬܫܡܫܬܐ ܠܡܫܝܚܐ. ܘܗܢܐ ܡܫܝܚܐ ܐܦܝܣܩܘܦܐ ܗܘܐ ܕܐܬܝܒ ܕܡܟ ܒܕܘܟܬܐ ܕܐܘܪܫܠܡ. ܘܡܢ ܥܒܕܘ ܢܩܝܦܐ ܠܝܫܘܥ ܕܡܫܝܚ ܡܩܒܠ ܠܩܕܝܫܐ ܦܠܘܣ. ܦܘܠܘܣ ܕܝܢ ܣܦܪܐ ܠܐܪܥܐ ܐܝܟ ܒܫܡܝܢ ܡܠܟ ܘܦܠܓܘܗܝ. ܘܗܘܝܐ

ܟܕ ܠܒܝܫ ܒܐܣܟܡܐ ܡܢ ܐܒܗܬܐ ܕܢܘܟܪܝܘܬܗ ܦܝܠܘܣܘܦ
ܡܠܦܢܘܬܐ ܠܝܘܢܝܐ ܐܣܟܘܠܣܛܝܩܐ: ܘܥܡ ܝܘܠܦܢܗ̈
ܕܣܦܪܘܬܐ ܐ̈ܪܡܝܐ ܕܩܕܡ.܀ ܡܬܟܪܟ ܗܘܐ ܥܡܗܘܢ
ܐܝܣܓܘܓܝ. ܕܦܘܪ̈ܝ܀ ܩܛܓܘܪ܀ ܦܪܝܗܪܡܢܝܐܣ.܀ ܐܢܐ.܀
ܠܘܓܝܩܐ.܀ ܟܘܢܝܢ.܀ ܡܘܣܝܩܝ.܀ ܡܬܠ.܀ ܗܝܠܝܩܘܢ.܀
ܕܛܘܦܝܩܐ.܀ ܡܘܣܝܩܝ.܀ ܘܐܣܛܪ̈ܘܢܘܡܝܐ. ܘܐܣܛܪܢܘܡܝܐ
ܕܣܘܦܝܣܛܝܩܐ ܐܝܬܘܗܝ ܡܦܩܢܐ. ܘܗ̇ܘ ܕܟܬܒ̈ܝܬܐ
ܗܠܝܢ ܕܝܠܢܐ ܕܐܬܝ̈ܬܝܢ ܘܟܬܒܢ ܡܢ ܐܪܒܥܐ.

ܬܘܒ ܕܝܢ ܕܐܡܠܟܐ ܐܫܬܡܥܗ ܥܠ ܡܠܦܢܘܬܐ. ܐܝܟܢܐ
ܕܦܝܠܘܣܘܦܝܐ ܡܠܦܢܐ ܪܒܐ. ܟܠܗܝܢ ܣܦܪܘܬܐ
ܕܡܠܦܢܘܬܗ ܕܦܝܠܘܣܘܦܝܐ: ܟܐܝܢܐ ܗܘܐ ܐܝܟܢܐ.
ܐܬܟܢܫܘ ܣܓܝܐܬܐ ܕܣܦܪ̈ܐ ܥܠ ܟܢ ܢܦܫܗ ܣܝ
ܕܣܘܪܝܝܐ ܝܘܢܝܐ. ܕܟܬܒܘ ܡܦܫܩܝܢ ܗܠܝܢ
ܐܘܣܝܐ ܕܡܠܦܢܘܬܐ ܕܝܘܢܝܐ. ܘܟܕ ܦܫܩܗ ܣܘܠܩܗܬܐ
ܕܣ̈ܦܪܐ ܦܫܝܛܐ ܥܠ ܡܦܝܠܘܣܘܦܐ. ܗܘܐ
ܟܐܢܘܫܐ ܡܫܝܚܐ. ܘܟܣܝܘܬܐ ܗ̇ܘ ܕܠܦܫܝܛܐ
ܠܬܪܝܢ ܗܘܐ ܕܢܟܬܒܘܢ ܡܢܗܐ: ܟܡܠܬܗ ܕܠܠܐ
ܝܕܥ ܡܦܝܠܘܣܘܦܐ ܢܦܫܗ ܕܫܠܝܚܐ. ܟܕ ܠܒܝܫ
ܠܗ ܡܠܟܐ ܕܝܘܢܝܐ ܡܢ ܥܡܡܐ. ܘܡܢܗܘܢ ܗܘܐ
ܠܗܠܝܢ ܐܪܒܥܐ. ܘܐܝܬ ܗܘܐ ܒܗ ܒܬܚܘܬܐ ܕܡܠܟܐ.
ܕܗܘܝܢܐ ܡܗܘܕܐ ܗܘܐ ܠܗ: ܕܒܗܘܢܐ ܢܦܫܐ ܪܒܐ
ܐܝܬ. ܗܘ ܕܝܢ ܐܬܬܒܪ ܘܒܝܬ ܕܫܠܝܬܐ ܪܒܬܐ. ܘܡܬܬܪܨ
ܗܘܐ ܒܪܚܡܘܗܝ: ܕܐܬܡܝܢܐ ܡܢ ܓܘܠܡܐ ܐܝܬܘܗܝ ܐܝܬܐ
ܗܘܝܐ: ܘܐܫܬܟܚ ܠܡܫܝܚܐ ܕܡܠܦܢܘܬܗ ܫܪܝܪܐ
ܕܫܪܐ. ܘܟܕ ܕܢܒܝܗ̈ ܒܡܫܝܚܐ ܕܗܘ ܐܝܬܘܗܝ.

ܘܐܬܒܛܠ ܡܢܡܘܣܘܗܝ ܠܡܪܟܐ. ܦܩܘܗܝ ܕܝܢ ܒܥܕܘ. ܡܓܥܠ ܡܪܟܐ ܒܝܘܡܟܐ ܗܘ. ܘܐܬܓܒܪܘ ܒܪܒܪܝܐ ܒܝܘܡܟܐ ܗܘ. ܘܚܒܠ ܒܗܘܢ ܡܫܝܢܘܬܐ ܪܒܬܐ. ܘܐܠܝܡ ܕܐܬܥܫܢܘ ܡܢܟܘܢ ܐܪܡܝ ܐܢܘܢ ܒܬܫܠܡܬܐ.܀ ܘܡܫܕܪܐ ܦܢܝ ܥܠܝܗܘܢ ܒܗܘܡܪܐ: ܘܒܥܘ ܐܢܘܢ ܐܬܬܐ ܗܝ. ܘܡܨܐܠ ܐܢܘܢ: ܕܕܐܢܝܐ ܡܢ ܐܠܗܐ ܐܠܝܦܐ ܐܬܬܐ ܗܕܐ.܀ ܦܩܘܢ ܕܝܢ ܦܢܝܘ ܠܗ. ܕܡܪܝ ܡܠܟܐ ܗܕܐ ܐܬܬܐ: ܠܐܠܦ ܕܐܠܗܐ ܐܪܥܢܐ ܕܠܗܘܢ ܦܠܚܝܢ. ܐܠܐ ܕܢܒܠܐ ܕܐܠܗܘܬܐ ܕܡܢ ܫܡܝܐ. ‖ ܒܬܫܠܡܬܐ ܕܝܢ ܒܗܿܘ ܪܓܫܐ: ܢܘܪܐ ܡܬܝܩܪܝܢ ܗܘܘ: ܘܫܕܪܘ ܠܗܿ ܡܠܟܐ ܘܐܡܪܘ ܠܗ. ܡܪܝ ܡܠܟܐ. ܗܕܐ ܐܬܬܐ ܕܥܒܕܬ ܡܥܝܢܐ ܒܪܗ ܕܐܠܗܐ ܚܝܐ ܐܝܬܝܗ. ܘܟܕ ܫܡܥ ܡܠܟܐ ܗܠܝܢ. ܫܕܪ ܘܩܪܐ ܠܐܘܣܒܝܘܣ ܐܦܣܩܘܦܐ ܕܪܘܡܝ. ܘܒܥܐ ܡܢܗ ܥܠ ܡܐܬܝܬܗ ܕܡܪܢ ܠܥܠܡܐ. ܘܥܠ ܨܠܝܒܗ ܘܩܒܘܪܗ ܘܕܢܚܗ ܘܩܝܡܬܗ ܘܣܘܠܩܗ ܘܫܘܠܡܗ ܕܥܠܡܐ. ܘܗܝܡܢ ܡܠܟܐ ܒܫܪܪܘܬܐ ܡܢ ܟܠܗ ܠܒܗ ܘܡܢ ܟܠܗ ܢܦܫܗ. ܘܩܒܠ ܥܡܕܐ ܗܘ ܘܐܡܪܗ ܘܚܠܦ ܗܘܠܘܠܝܢ ܕܠܗ. ܘܦܩܕ ܐܘܣܒܝܘܣ ܠܐܡܪܗ ܘܢܟܪܘܙ. ܒܗ ܐܘܣܒܝܘܣ ܐܦܝܣܩܘܦܐ ܘܢܦܠܐ ܗܝܡܢܘܬܐ ܕܩܘܫܛܐ. ܘܫܕܪ ܠܐܡܪܗ ܒܫܝܢܘܬܐ ܕܐܬܚܡܢ ܥܠ ܥܡܐ ܕܟܘܫܬܐ. ܘܐܬܒܢܝ ܒܝܬܐ ܒܓܘܠܬܐ. ܘܡܢ ܒܬܪ ܒܝܥܬܗ ܕܩܪܘܡ ܒܝܡܝܐ ܠܡܫܘܚܗ ܕܒܪܬܗ ܩܕܝܫ: ܗܘܝܢ ܥܒܕܐ ܩܕܝܫܐ ܘܫܒܐ. ܘܡܠܟܐ ܐܝܬ ܢܦܫܗ ܗܠܝܢ

ܕܫܠܡܬ ܕܬܐܙܠ ܠܐܘܪܫܠܡ. ܒܫܢܝܢ ܘܬܡܢܝܐ
ܒܗ. ܕܬܬܒܥ ܠܡܫܝܚܐ ܕܐܫܬܘܕܝܬ. ܘܬܬܩܒܠ ܩܘܪܒܢܐ
ܕܢܝܚܐ ܠܚܠܡܐ ܒܬܪܗ.܀ ܟܕ ܐܬܬ ܕܝܢ ܠܐܘܪܫܠܡ.
ܒܪܘܚܐ ܦܪܝܩܬܐ. ܘܚܙܬ ܕܢܬܦܢܐ ܠܘܬܗ ܟܠܗܘܢ
ܡܕܝܢܬܐ ܕܩܪܝܐ ܣܛܘܪܘܢ ܕܐܘܪܫܠܡ. ܐܘܪܫܠܡ ܕܝܢ
ܫܪܝܐ ܗܘܬ ܠܡܬܐ. ܘܟܕ ܐܬܒܩܝܘ ܐܝܟ ܕܐܬܬܐ
ܬܠܝܢ ܒܪܢܫ ܐܦܢܝܬ ܠܗܘܢ ܕܫܠܡܬܐ. ܕܫܡܥܐ
ܐܢܐ ܡܢ ܒܢܬܐ ܕܢܫܐ. ܕܐܬܐ ܐܢܬܬܡܘܢ
ܕܐܬܢܝܚܐ. ܘܐܬܡܚܪ ܐܢܫܝܢ ܗܘܬ ܡܢ ܟܠܗܘܢ
ܒܢܝܬܐ. ܘܫܢܝ ܠܒܝܬ ܟܬܒܐ ܕܡܠܝܟܐ
ܘܐܠܦܐ ܕܐܬܢܛܪܬܗ ܠܫܡܝܐ: ܘܐܬܢܝܘ ܠܐ
ܐܫܬܠܡܘܗܝ. ܐܠܐ ܫܪܝܘ ܟܕ ܢܗܘܪ
ܕܢܫܘܚܐ ܗܘ. ܘܡܬܠܠܐ ܟܠܗ ܠܗ ܡܢܗܘܢ
ܟܠܢܐ ܡܥܝܢܐ ܘܢܟܪ ܢܫܘܚܐ: ܕܡܕܒܚܝܢ ܕܢܦܩܘ
ܠܗ ܒܬܟܒܢܐ ܟܠ ܟܠܡܕܡ ܕܡܬܒܥܐ ܐܢܫܐ
ܠܗܘܢ. ܫܒܩܘ ܕܝܢ ܢܦܫܗ ܡܢ ܡܕܒܪܢ ܒܕܝܠܬܐ
ܪܒܬܐ.܀ ܘܟܕ ܒܠܝܘܢ ܐܢܫܐ ܫܩܝܠܐ
ܘܡܫܬܐ: ܐܝܟ ܗܕܝܢ ܬܠܝܢ. ܡܢ ܡܕܝܢܬܐ ܘܡܢ
ܡܕܝܢܬܐ ܕܡܫܝܚܝ. ܘܫܩܠܘ ܐܬܘ ܠܘܬ ܕܫܠܡܬ
ܘܐܡܪܘ ܠܗ. ܕܫܠܡ ܐܢܘܢ ܡܫܝܚܐ ܕܝܢ ܘܐܦܠܐ
ܢܫܘܚܐ.܀ ܦܘܬܡ ܗܝ ܡܫܠܡܢܘܬܐ ܐܢܬܬ ܠܗܘܢ
ܡܢ ܐܢܫܘܢ ܕܬܬܕܒܪܢ ܡܢ ܕܡܫܬܐܠܐ
ܐܢܐ ܠܗܘܢ: ܕܠܐ ܬܬܕܒܪܘܢ ܡܢ ܐܢܫ: ܟܕ ܟܕ
ܫܘܐܝܬ. ܐܠܐ ܐܦ ܟܕ ܠܐ ܡܫܠܡܘܢ ܐܢܘܢ
ܕܐܬܐ ܡܬܦܢܝܢ ܒܢܚܘܫܐ. ܫܒܩܘ ܕܝܢ ܬܐܙܠ ܘܟܕ

ܬܠܐ ܒܒܢ̈ܝܗ. ܘܬܘܒ ܐܡܪܬ ܠܗܘܢ ܕܚܙܘ ܠܐ ܐܝܠܝܢ ܕܣܡܝܟܝܢ ܒܟܦܝ̈ܢ ܘܗܒܘ ܬܠ̈ܬܝܗܝܢ ܒܒܢ̈ܝܗ.⁘ ܘܟܕ ܐܬܘ: ܚܙܬ ܘܐܡܪܬ ܠܗܘܢ ܠܐ ܬܫܒܩܘܢ ܕܐܡܪ ܐܢܫܐ: ܕܝܠܕܬ ܐܢܬܬܐ ܠܝ ܘܒܪܐ ܐܬܝܗܒ ܠܝ: ܗܘ ܕܐܝܟܢܐ ܒܒܪܐ ܠܐ ܝܠܕܬ: ܘܬܘܒ ܕܘܟ ܐܡܪ. ܕܦܩܕܬ ܠܡܪܢܐ ܠܡܩܠ ܒܚܠܡ. ܘܬܘܒ ܐܡܝܢܐ ܐܡܪ ܠܒܢ̈ܝܗܘܢ ܒܢܝ̈ܐ ܙܟܝܬ ܘܐܬܪܡܝܬ ܡܢܗܘܢ ܐܚܝܗ ܒܝ. ܝܗܒ ܬܘܪܐ ܦܝܗ. ܘܡܪܟܐ. ܘܡܝܢܐ ܗܘܐ ܡܬܕܢܚܝܢ ܐܝܬܝܗܘܢ ܡܢ ܐܒ̈ܗܝ ܥܡ̈ܡܐ ܬܪ̈ܬܝܢ ܒܢܘ ܢܦܘ ܠܗ ܒܠ ܡܕܡ ܕܡܬܒܥܐ ܐܢܐ ܠܗܘܢ ܦܩܘܕܐ ܠܗܘܢ ܒܬܪ ܐܣܟܪܝܐ ܒܘܪܘܬܐ ܕܐܬܟܘܪܟܘܢ ܕܐܡܬܢܝܢ ܒܠ ܡܚܘܒ ܕܠܝܬܘܗܝ ܐܠܗܐ. ܗܕ ܦܩܕܝܢ ܒܠܗܘܢ ܢܬܚܙܘܢ ܘܢܚܝܒ. ܕܐܠܗܐ ܗܘ ܕܟܠ ܒܠ.⁘ ܘܚܒܘ ܢܩ̈ܕܝܒ ܘܐܬܟܪܝܢ. ܚܝܢ ܝܗܒܝܢ ܢܬܚܙܘܢ ܘܢܚܝܐ. ܬܚܝܢ ܬܘܕܝܢ ܠܝ ܕܟܠ ܐܕܝܐ ܒܠܬܐ ܡܬܬܐܠܝܢ ܡܢܟ: ܘܚܝܢ ܡܦܝܣܝܢ ܠܟ. ܘܬܘܒ ܢܒܠܬ ܐܢܘܢ. ܕܗܝܠܘ ܒܒܘ ܠܗ ܫܒܝܚܐ ܕܒܒܘܢ ܕܢܚܝܢ ܚܒܝܒܬܐ.⁘ ܒܢܘܢ ܕܝܢ ܝܗܘ ܡܢ ܡܕܝܢܬ ܒܕܝܠܬܐ ܘܐܬܟܪܝܢ ܒܢܬܗܘܢ. ܟܢܘ ܒ ܗܢܐ ܥܢܝܢܐ ܕܐܬܪܓܬ ܠܝ ܟܠܬܐ.⁘ ܚܕ ܡܢܗܘܢ ܕܥܒܕܗ ܫܘܒܚܐ ܚܒܝܐ ܘܐܡܪ ܠܚܒܪ̈ܘܗܝ.‖ ܟܢܐ ܕܝܢ ܗܕܐ ܡܫܡܪ ܐܢܝ. ܕܗܕܐ ܗܘܐ ܒܟܠܬܐ ܕܗܘܐ ܬܒܥܐ ܠܝ ܟܠܬܐ: ܡܛܠ ܡܢܟܐ ܗܘ ܕܝܠܕܐ ܕܐܬܬܠܠ ܒܠܗܘܢ ܡܢܗܘܢ ܘܐܬܝܠܠ ܡܢ ܦܘܡܗ ܕܡܕܢܚܝܢ ܐܬܘܬܗ ܕܗܘܐ

ܬܒܥܐ ܠܝ. ܘܐܢ̱ ܐܝܬ ܠܐ ܢܘܕܥ ܟܠܗܘܢ܁ ܕܡܬܒܠܒܠ
ܐܝܬ ܠܗ̇ ܠܡܠܟܘܬܐ ܕܝܗܒܘ ܠܝ ܐܒܗ̈ܝ. ܐܦ
ܟܕ ܗ̇ܘ ܕܐܝܬܘܗܝ ܗܘܐ ܡܫܝܚܐ ܕܡܫܚܘ̱ ܐܒܝ܁
ܦܩܕ ܠܐܒܝ ܥܠ ܗܕܐ. ܘܐܦ ܠܝ ܐܒܝ ܦܩܕܢܝ ܟܕ
ܡܝܬ ܘܐܡܪ ܠܝ. ܦܘܩܕܢ ܒܪܝ ܚܙܝ܁ ܕܗܕܐ ܕܐܡܪܬܐ
ܐܝܟܐ ܕܡܬܦܩܕ ܡܢܟܐ ܕܟܠܗܘܢ ܐܬܒܛܠ ܡܫܝܚ܁
ܐܝܬ ܟܠ ܘܒܗ ܟܠܗܘܢ ܒܟܠܐ ܢܘܟܪܝ. ܡܛܠ
ܕܒܬܪܐ ܕܡܬܒܠܠ ܡܠܟܘܬܐ ܕܟܘܪܝܐ. ܘܒܬܪܝܗ
ܡܬܬܚܝܬܐ ܡܠܟܘܬܐ ܕܐܝܠܝܢ ܕܩܕܡܝܢ ܠܗܘ ܕܐܬܒܛܠ
ܟܠ ܡܫܝܚ. ܗܘ ܡܫܡܠܝܐ ܠܟܠܝ.܀ ܐܡܪܐ ܕܝܢ
ܐܦܪܝܡ ܠܐܒܝ. ܘܟܕ ܢܕܥܝܢ ܗܘܝܬܘ̱ ܗܟܝܠ܁
ܕܗܘܘ ܡܣܝܒܐ܁ ܡܛܠ ܡܢܐ ܐܒܗ̈ܝܢ ܐܬܠܚܡܘ
ܟܠܗܘܢ ܐܝܟܢܐ ܘܐܬܚܙܝܘ. ܘܐܡܪ ܠܝ ܕܗܘܝܬ
ܟܪܝ ܢܒܝ܁ ܕܠܐ ܡܬܟܬܒܝܢ ܥܠܡܢܐ ܡܠܟܘ̇ ܟܢ
ܕܗܠܝܢ܁ ܐܠܐ ܟܠ ܐܝܢ ܦܐܝܢ ܦܘܩܕ ܠܡܠܟ ܦܝܠܘ̱
ܕܠܐ ܡܬܡܚܝܢ ܗܘܘ ܒܗ. ܘܟܕ ܝܠܕܘܗܝ ܘܬܘܒܬܗܘܢ܁
ܘܦܬܓܡܝ ܒܟܠ ܡܓܘܪܝܐ܁ ܘܡ ܠܬܠܬܐ ܡܠܟܝܢ܁
ܘܒܗ ܢܗܘܘܢ ܠܬܠܡܝܕܘܗܝ. ܘܡܬܠܘܫܐ ܗܘܐ ܟܗ
ܐܝܟܢܐ ܕܐܡܪܐ ܗܠܝܢ܁ ܘܒܪܝ ܕܐܝܠܝܢ
ܠܦܪܕܝܣܐ ܕܥܕܢ ܕܡܫܚܐ. ܘܡܬܠܘܫܐ ܚܒܝܒܘ ܐܦܘܣܝܐ
ܕܢܓܠܐ ܘܒܝܬܘܗܝ ܕܬܬܪܓܡ ܟܬܒܐ. ܘܡܢܗ
ܐܠܗܘܗܝ ܠܫܡܝܐ ܘܐܡܪ. ܩܘܡ ܦܟܠ ܪܘܚ܁ ܘܠܐ
ܬܫܒܘܚ ܠܗܘ̱ ܣܠܝܩܬܐ. ܘܗܠܝܢ ܡ̈ܠܐ ܦܩܕܢ
ܐܒܝ܁ ܕܐܡܪ ܐܢܫ ܠܟ ܐܦ ܡܫܝܚܐ. ܘܗܘܐ ܐܦ
ܐܝܬܘܗܝ ܒܥܘܕܪܢܗܘܢ܁ ܗܘ ܕܐܝܠ ܠܗܘܬ ܡܫܝܚ

ܒܒܠܐ. ܐܣܛܦܢܘܣ ܕܝܢ ܒܪܗ ܗܘܐ. ܘܗܘܐ ܒܠܚܘܕ ܬܢܝܢ ܡܕܒܪܢܘܢ. ܕܐܝܟ ܡܬܒܥܝܐ ܠܗ ܡܠܟܘܬܐ ܡܠܟܐ ܕܝܢ ܐܚܘܗܝ ܕܬܬܐܡܪܘܢ ܠܗ. ܩܘܡܘܢ ܕܝܢ ܐܡܪܘ ܠܗ. ܗܠܝܢ ܩ̈ܠܐ ܕܐܡܪܬ: ܠܐ ܥܒܕܝܢ ܐܢܚܢ ܐܠܐ ܡܚܝܢ. ܘܐܢܫܘ ܕܒܟܬܒܐ ܬܘܒܐ ܡܠܠܬܗ: ܐܝܬ ܢܣܒ ܐܝܬ ܡܠܟ ܡܢ ܟܠ. ܘܐܦ ܒܥܘܒܕܘܗܝ ܒܦܘܡܐ ܐܝܬ ܗܘ.܀ ܘܗܘ ܗܠܝܢ ܡܡܠܠܝܢ ܗܘܘ: ܐܬܐܘ ܐܣܛܪܛܝܓܐ ܒܪܬܗܘܢ ܘܐܡܪܝܢ. ܡܘܡܘ ܬܘ: ܡܛܠ ܕܡܠܟܘܬܐ ܬܒܥܐ ܠܟܘܢ.܀ ܘܗܘ ܐܬܐܘ ܘܡܫܒܘ ܡܕܒܪܝܢ: ܟܠ ܡܬܟܬܫܢܘܬܐ ܒܥܠܬܐ ܐܝܟ ܕܢ ܘܡܕܒܪ ܥܢܘܐ ܠܐ ܐܡܪܘ ܠܗ. ܘܡܬܠܝܢܐ ܒܡܕܝܢܬܐ ܕܠܝܡܕܝܢܐ ܕܢܘܪܐ ܢܥܒܕܘܢ ܩܘܡܘܢ ܕܝܢ ܡܢ ܕܫܠܛܢܘܬܗܘܢ ܠܒܝܬܗܘܢ, ܠܝܘܡܐ ܘܒܪܝܟܘܬܗܘܢ, ܡܕܒܪܝܢ ܘܐܡܪܝܢ. ܗܢܐ ܚܙܪܐ ܢܟܣܐ ܗܘܐ ܘܪܕܘܦܐ. ܘܡܚܦܐ ܒܡܘܬܒ ܬܘܪ ܡܢ. ܘܗܘ ܗܢܐ ܟܠ ܒܠܚܘܕ ܕܐܪܟܐ ܠܟܝ ܡܘܕܥ ܘܡܝܬܘܐ ܠܗ. ܟܕ ܟܠ ܦܩܕܝܢ ܟܠܗܘܢ, ܒܗܕܐ.܀ ܦܩܕܝܢ ܦܩܘܕܐ ܕܡܠܟܘܬܐ ܟܠܗܘܢ: ܘܢܬܒܥܢ ܗܘܕܐ ܒܠܚܘܕܘ. ܘܐܡܪܐ ܠܗ ܡܠܟܘܬܐ. ܦܩܕܝܢ ܡܕܒܪܝܢ. ܡܛܘܠ ܗܢܐ ܘܫܡܥܐ. ܐܢܐ ܡܢܗܘܢ ܕܪܚܡܐ ܐܢܬ ܠܝ ܠܝ.܀ ܗܘܕܐ ܕܝܢ ܐܡܪ. ܐܢܐ ܒܪܬܐ ܕܚܝܪ ܡܕܒܪܗܘܢ, ܠܝܘܡܐ: ܘܦܩܕ ܒܥܠܐ ܕܢܐܟܘܠ ܢܦܫܗ,.܀ ܡܠܟܘܬܐ ܕܝܢ ܐܡܪܬ ܠܗ. ܐܢܫܘ ܗܟܠ ܕܟܕܝܐ ܐܝܬ ܕܬܐܢܝܐ ܒܥܒܕܐ ܘܒܐܪܥܐ: ܐܡܪ ܠܝ ܐܢܟܐ ܐܣܛܦܢܘܣ, ܠܡܠܟܐ ܕܡܫܝܚܐ.܀ ܗܘܕܐ ܐܡܪ ܐܢܟܐ

ܕܡܢܝܢܘܢ ܐܘܦܘܡܢܡܛܝܩܐ: ܐܝܟ ܠܗ̇ ܠܓܘܦܬܐ ܗܢܐ ܡܛܪ ܫܡܝܢ ܡܬܐܪ̈ܝܢ ܥ̈ܝܢܐ. ܘܫܡ ܠܛ̈ܠܝܐ ܫܡ ܘܡܚܒ ܡܢ ܐܢܫܐ ܡܓܝܢ ܠܡܪܕܐ.܀ ܡ̇ܠܬܐ ܐܡ̇ܪܐ ܠܗ. ܘܗܘܐ ܐܘ̣ܪܚܬ ܡܪܡܪ: ܕܡܬ̈ܠܐ ܐܝܬ ܠܗܘܢ ܕܐܘܦܘܡܢܡܛܝܩܐ ܕܗܠܝܢ ܟܬ̈ܒܬܐ.܀ ܗܘܕܐ ܐܡܪ. ܕܠܐ ܒܗܘܢ ܡ̇ܠܠ ܡܪܡ ܡ̇ܠܬܗܘܢ. ܘܗܘܕܐ ܬܫܒܘܚܬܐ ܡܢ ܦ̈ܬܓܡܐ ܡܚܝܠܐ ܕܐܬܦܪ̈ܫܢ. ܘܠܝ ܦ̈ܬܓܡܐ ܕܬܫܒ̈ܘܚܬܐ ‖ ܠܝܬ ܠܝ.܀ ܡܠܬܐ ܐܡ̇ܪܐ. ܐܝܬ ܠܝ ܡܠܬܐ ܕܥܘ̈ܕܪܐ ܒܐܘܠܨܢܗ̇: ܕܡܫܝܚܐ ܫܬܐܬܝܬ ܐܢܫܐ ܐܬܓܠܝ. ܟܠܗܘܢ ܕܗܘܝܬܐ ܗ̇ܝ ܕܡܬܦܪܫܐ ܠܚܘܠܬܐ ܫܘܐ ܠܝ: ܘܐܢܐ ܒܥܘܠܠܝ ܐܦܘܕ ܠܡܛܠܘ ܠܕܘܟܬܐ ܗ̇ܝ. ܘܬܟܝܠܐ ܐܢܐ ܐܢܐ ܕܡܣܟܝܢܐ ܐܢܐ ܠܢܓܠܬܐ ܕܒܗ̇ ܡܣܝܟܐ ܐܝܟܐ.܀ ܗܘܕܐ ܐܡ̇ܪ. ܐܝܠܐ ܠܕܘܟܬܐ ܗ̇ܝ ܢܪܕ ܐܢܐ.܀ ܡܠܬܐ ܐܡ̇ܪܐ ܠܗ. ܦܘܩ ܢܪܕ: ܕܠܐ ܬܥܘܕܐ ܘܬܓܠܐ ܠܝ ܥܘ̈ܕܪܐ: ܒܥܘܫܢܐ ܕܟܫܠܐ ܘܕܝܦܘܢܐ ܐܠܝܠ ܫܢܝ.܀ ܗ̇ܕܡ ܦܡܪܬ ܕܓܘܡܐ ܡܫܝܚܐ ܒܪܘܫܗ: ܘܡܕܒܪܐ ܠܚ̈ܝܠܐ ܘܡ̈ܕܡ ܢܘ̈ܦܘܗܝ ܢܛܪܝܢ ܠܗ: ܟܕ ܠܐ ܢܣܒܝܢ ܠܗ ܡܢ ܐܘܠܬܐ.܀ ܗ̇ܕܡ ܡܢ ܟܠܗ ܥܡ̈ܠܐ ܘܡܚܝ: ܡܢܐ ܗܘܕܐ ܟܠܗ ܪܡܐ ܘܥܢܝ. ܐܣܘܦܘ ܡܢ ܓܘܫܐ ܗܘܢܐ: ܘܐܢܐ ܡܫܘܐ ܐܝܟܐ ܠܗܘܢ ܕܗܘܕܐ ܕܝܠܗܘܢ ܕܫܘܕ ܡܫܫܢܐ.܀ ܗ̇ܕܡ ܦܡܪܬ ܡ̇ܠܬܐ ܘܐܣܘܡܘܗܝ. ܘܐܘܠ ܠܕܘܟܬܐ ܗ̇ܝ: ܟܕ ܠܐ ܡܦܣ ܗܘܐ ܟܗ̇ ܥܪܪܬ. ܘܐܪܝܡ ܗܘܕܐ ܘܠܗ ܟܠܫܐ ܓܕܫܐ

ܘܐܡܪ. ܐܠܗܐ ܕܟܒܫ ܥܘܡܩܐ ܘܐܪܥܐ ܒܪܡܙܗ: ܐܢܫܘ ܕܝܕܥܐ ܐܢܬ ܕܢܦܠܬ ܥܡܟ ܒܝܘܡ ܕܡܬܢܝܚ. ܚܒܝܒ ܠܝ ܐܬܪܐ ܗܢܐ. ܐܝܟܢܐ ܕܡܫܒܚܘܬܗ، ܠܡܫܡܫܐ ܚܒܝܒܝܢ ܘܢܝܫܘܬ ܠܗ ܠܟܬܒܘܗܝ ܕܡܘܫܐ: ܢܒܝܐ ܐܦ ܠܝ ܫܒܝܩܘܬܐ ܗܕܐ ܡܦܩܬܐ. ܘܟܕ ܕܢܝܫ ܡܢ ܕܡܫܬܐ ܗܘ ܒܠܚܘܕ ܕܐܝܬܝܗ ܫܡܝܢܐ. ܐܡܠܐ ܕܐܝܟ ܐܢܐ ܐܫܬܡܥ ܒܗ ܒܪܘܫܡܐ ܕܡܫܝܚܐ.܀ ܘܟܕ ܬܘܒ ܡܘܕܐ: ܡܫܝܚܐ ܪܒܝܥܐ ܗܘܐ ܒܪܘܚܬܐ ܗܘ. ܘܒܬܪܐ ܗܟܢܐ ܕܢܘܗܪܐ: ܠܟܠ ܒܢܝܢ ܡܢܗ ܦܪܚ ܗܘܐ.܀ ܡܘܕܐ ܕܝܢ ܐܝܢܐ ܬܫܒܘܚܬܐ ܪܒܐ: ܘܐܡܪ̈ܗܘܢ، ܣܓܝܐܐ ܠܢܒܝܐ ܢܦܩ ܗܘܐ. ܘܡܛܠ ܘܐܡܪ. ܕܝܪܐܝܬ ܐܝܬ ܗܘ ܡܫܝܚܐ ܦܪܘܩܗ ܕܥܠܡܐ. ܗܢܐ ܐܝܟܢ ܡܫܝܚܐ ܡܫܝܚܐ: ܐܝܟܢܐ ܘܢܛܠܝܘ ܦܫܝܛܝܢ ܠܗܘ ܐܘܡܠܝܗ ܣܒܝܢܝ.܀ ܘܟܕ ܗܠܝܢ ܐܡܪ ܡܘܕܐ: ܥܒܠ ܦܬܓܡܐ ܘܐܬܦܢܝ ܐܝܟ ܐܒܪܗܡ ܘܩܪ̈ܐ. ܠܡܫܝܚܐ. ܦܩܕ ܦܪܘܩܐ ܠܡܟܪܙܘܬܗ ܗܠܝܢ ܕܡܢ ܡܠܟܘܬܐ ܐܫܬܕܪܘ.܀ ܘܟܕ ܫܠܡܘ ܐܝܟ ܒܟܠܗܝܢ ܦܩܕܝܢ: ܐܝܟܢܐ ܘܫܡܥܐ ܠܛܠܝܬܐ ܕܦܠܓܝܢ. ܘܩܒܠܘ ܐܝܟ ܡܘܕܐ: ܘܐܝܟ، ܐܝܟ ܕܝܢ ܡܠܟܘܬܐ ܡܫܝܚܝܬܐ.܀ ܦܩܕ ܐܦܪܘܩܐ ܠܗ. ܐܝܟܢܐ ܡܫܬܦ ܐܢܬܘܢ، ܘܢܗܘܘܢ ܡܢ ܐܢܫ ܠܐ ܢܦܩ ܐܝܟ. ܦܩܕ ܦܬܓܡܐ ܐܝܟ ܒܡܠܟܘܬܐ ܕܡܫܝܚܬܐ: ܗܝ ܡܦܩܢܐ ܕܬܫܒܘܚܐ ܒܗܘ ܫܘܒܚܗ ܕܐܠܗܐ. ܘܒܬܪ ܥܒܕ ܕܢܘܗܪܐ ܗܘ: ܗܘܐ ܡܫܬܐ ܫܡ ܠܟܠܗܘܢ ܕܩܒܠܘ ܠܗ ܒܪܘܚܐ ܘܐܡܪܘ

ܠܒܝܬܡܪܘܗ̇. ܘܟܕ ܚܙܐ ܒܪܥܡܬܗ ܚܕܪ ܘܐܡܪ ܠܡܠܟܘܬܐ. ܗܫܐ ܡܪܬܝ ܛܒܘܢ ܢܦܠܘ ܕܥܠܡܐ: ܘܡܘܟܟܐ ܕܟܝܢܐ ܒܗ. ܗܢܝܢ ܐܝܬܝܗ̇ ܠܒܪܢܫܐ. ܘܡܠܠ ܠܗܝ ܡܢ ܗܠܝܢ ܬܠܡܝܕܐ ܘܫܡܥ ܠܟܠ ܡܢ ܒܪܢܫܐ. ܘܟܕ ܦܠܛ ܥܠܡܐ ܗܘ ܕܫܠܡܘܬܐ ܕܬܘܕܝܬܗ ܟܠ ܥܠܡܐ: ܒܪܥܡܬܗ ܡܢ ܟܠܡܟܐ ܗܘ. ܗܢܝܢ ܡܢܝܐ ܒܠܘܟܟܐ ܡܓܐ ܟܡܠܐ ܪܡܝܐ ܘܐܡܪ. ܦܢܘ ܗܘܐ ܕܠܐ ܥܒܕ ܠܗ ܠܡܦܩܠܘ ܢܦܫܬܐ ܗܠܝܢ ܕܡܠܠ ܐܬܝܢ. ܐܘܗܘ ܡܪܝ ܢܘܟ ܢܘܪܐ.. ܕܐܦ ܠܡܪܝ ܕܡܟܝܢ ܗܘܝ ܚܠܝܡܘܬܗ ܟܠ. ܐܘܗܘ ܡܪܝ ܫܘܕܐ.. ܡܟܐ ܗܘ ܗܘܐ ܕܟܒܪܬ ܒܗ. ܠܗܘܡ ܟܒ ܫܘܕܐ ܚܟܝܬ ܠܡܟܐ ܕܢܝܚܐ: ܗܘܫܐ ܟܐܬܝܢ ܫܘܪܐ ܗܘ ܡܬܘܪܬ ܐܢܐ ܡܢ ܗܪܟܐ. ܢܕܥ ܐܢܐ ܗܘ ܡܢܐ ܐܦܟܕ ܠܝ. ܗܘܐ ܦܐܡ ܦܠܛܐ ܐܝܢܐ ܗܘ ܕܠܝܠܡܐ ܒܟܘܦ ܘܠܩܛܠܐ ܕܠܐ ܢܒܠܡ ܘܒܟܝ: ܘܦܢܝܢ ܡܢ ܥܠܝܐ ܡܪܢܝ ܬܟܘܪ ܟܗܘ ܕܐܝܪܘܦ.܀ ܦܢܝܢ ܫܘܕܐ ܐܬܚܙܝ ܒܪܘܫܐ ܕܘܕܟܝ ܘܐܡܪ. ܡܟܝܢܐ ܐܠܗܐ ܗܘ ܕܠܟܝܬܐ ‖ ܢܝܡ: ܗܘ ܢܒܝܚܝ ܠܗܘܡܐ ܬܫܘܚܐ ܕܢܘܪܐ ܢܘܕܬܐ. ܘܟܕ ܗܠܝܢ ܦܠܛܬܐ ܥܒܕܬ: ܐܬܘܕܡܬ ܒܢܝܠܘ ܕܐܠܗܐ ܘܟܡܟܘܬܗ ܥܝܪܬܐ ܕܫܘܕܐ. ܘܟܪܝܫܘܬܐ ܗܒܪܬ ܡܟܠܠ ܘܫܡܐ ܗܘ ܕܘܫܘܬܐ: ܘܟܠܗܘܡܟܐ ܕܡܐܡܟܐ ܒܒܝܬ ܠܗ. ܘܟܠܗܘ ܫܡܬܦ ܘܐܢܫܠܟܗ ܒܟܕܬܐ ܗܝ ܕܐܬܒܝܢܬ ܒܟܠܓܘܠܬܐ ܘܦܪܬ ܠܗܘܡܟܘܗ ܐܟܫܘܡ ܕܪܘܟ: ܘܦܟ ܠܗ ܠܫܘܕܐ

ܪܘܫܥܐ ܕܡܫܡܫܢܘܬܐ. ܘܦܪܐ ܠܗ ܫܡܥܐ ܡܢ ܒܡܕܢܚܐ ܡܘܪܝܩܘܣ. ܘܫܡܥ ܟܠܗܘܢ ܐܒ̈ܗܬܐ ܕܐܦܣܩܘܦ̈ܐ ܘܐܘܒܕܗ ܥܡܗ ܒܡܕܝܢܬܐ ܐܘܪܫܠܡ. ܘܩܕܡ ܗܠܝܢ ܡ̈ܠܟܬܐ ܫܡܥܬ: ܕܐܬܕܒܪܘܢ ܡܘܪ̈ܝܐ ܕܠܐ ܡܫܡܫܝܢ ܒܡܫܝܚܐ. ܘܟܕ ܗܘܐ ܪܫܝܐ ܐܬܕܒܪܘ ܡ̈ܘܕܝܐ ܡܢ ܐܘܪܫܠܡ.܀ ܬܘܒ ܗܘܬ ܠܡܘܪܝܩܘܣ ܒܫܢܬܐ ܪܒܝܥܝܬܐ ܕܡܠܟ ܝ̈ܨܐ. ܘܢܦܠ ܠܗ ܬܘܒ ܐܠܗܐ: ܘܐܬܚܫܒ ܠܗ ܐܪܥܐ ܥܒܕܝܬܐ ܐܝܟ ܕܡܢ ܒܐܪܥܐ ܥܠ ܕܥܠܬܐ ܕܝܠܗ. ܘܐܬܚܫܒܘ ܟܪ̈ܣܐ ܒܗ ܒܬܪܐ. ܘܟܬܒ ܒܝܕ ܡܠܐܟܐ ܘܫܕܪ ܐܢܘܢ: ܘܦܩܕ ܐܢܘܢ ܠܡ̈ܠܟܬܐ ܡܫܡܫܢܘܬܐ. ܘܐܬܦܫܩܬ ܒܪ̈ܝܫܢ ܕܬܒܝܬ ܡܫܝܚܝܢ ܐܘܡܢܘܬܐ ܠܝܗܘܕ̈ܝܐ: ܘܥܠ ܦܘܪܫܢܐ ܗܘ ܕܝܘܡܢ. ܘܦܪܫܬ ܐܪܥܬܐ ܐܘܡܢܐ ܫܒܥܝܢ ܕܐܝܬ ܟܠܗܘܢ ܡܫܝܚܝܘܬܐ ܥܕܪܬܐ: ܘܐܬܦܪܫ ܠܗ. ܒܝܕ ܐܝ̈ܕܐ ܗܠܝܢ: ܘܟܕ ܫܘܡܠܝܐ ܥܠ ܐܝܢ ܕܡ̈ܠܟܐ ܘܥܠ ܦܘܪܫܢܐ ܕܝܘܡܢ: ܕܝܘܡܐ ܡܢܗܪܢܐ ܠܡ̈ܠܟܐ. ܘܗܘ ܥܡܠ ܕܬܬܡ̈ܠܟܐ ܗܝ ܕܬܬܒܥܐ ܒܢܒܝܐ: ܕܝܘܡܐ ܡܢܗܪܐ ܗܘ ܥܠ ܦܘܪܫܢܐ ܕܝܘܡܢ ܘܐܕܥܐ ܠܡ̈ܠܟܐ ܫܡܠܝܬܐ.܀ ܗܢܘܢ ܗܠܝܢ ܡ̈ܠܟܬܐ ܡܫܡܫܢܝܬܐ ܒܐܘܪܫܠܡ ܐܬܡ̈ܠܟܘ. ܘܫܡܥܬ ܕܝܘܡܐ ܕܒܪܝܫ ܫܘܠܡܐ ܒܐܪ̈ܟܬܪܝܣ ܒܐܠܦܐ. ܫܠܡ ܕܟܠ ܫܡܥܬܐ ܕܫܘܠܡܐ ܦܫܝܛܐ: ܒܡ ܕܡܠܟ̈ܐ ܘܐܦܣܩܘܦܐ ܬܪ̈ܝܢ، ܫܡܥܐ ܘܦܬ̈ܓܡܐ ܕܡܕܝܢܬܐ ܘܡܫܡܫܢܘܬܐ. ܘܡܫܡ̈ܫܢܬܐ ܘܕܝ̈ܢܐ ܡܫ̈ܪܝܐ ܒܡܪ̈ܝܐ. ܘܫ.

B. HISTORIA INVENTIONIS SANCTAE CRUCIS.

1) e cod. paris. 234.

ܬܘܒ ܫܥܝܬܐ ܕܦܪܘܛܘܢܝܩܝ (fol. 293, recto, col. 1.)

ܐܫܟܚܬܗ ܕܨܠܝܒܗ ܕܡܪܢ.

ܡܫܬܥܝܢ. ܦܪܘܛܘܢܝܩܝ ܐܫܟܚܬܗ ܕܨܠܝܒܗ ܕܡܪܢ. ܗܝ ܕܒܝܘܡܝ ܛܝܒܪܝܘܣ ܩܣܪ. ܐܬܬ ܠܐܘܪܫܠܡ ܡܕܝܢܬܐ ܡܢ ܐܝܟ ܕܬܚܙܐ ܠܗܠܝܢ ܐܬܘ̈ܬܐ ܕܥܒܕ ܡܪܢ ܒܥܠܡܐ. ܗܝ ܗܕܐ ܐܢܬܬܐ ܡܢ ܐܚܘܗ̇ ܕܡܠܟܐ ܪܒܐ ܕܩ̈ܠܘܕܝܣ ܩܣܪ. ܡܛܠ ܕܡܠܟܘܬܐ ܘܫܠܝܛܐ ܕܫܠܡ ܗܘܐ ܒܡܠܟܘܬܗ ܕܡܫܝܚܐ. ܡܢ ܐܢܬܬܗ ܕܡܠܟܐ ܪܘܡܝܐ. ܘܚܙܬ ܡܢ ܟܠܗܝܢ ܠܗܘܢ ܒܡܫܝܚܐ ܡܪܢ ܕܟܠܗ ܥܠܡܐ. ܘܚܙܬ ܗܘܬ ܠܗ ܠܫܡܥܘܢ ܒܐܘܪܫܠܡ ܟܠܗ. ܘܒܥܬ ܗܘܬ ܕܬܬܐ ܠܐܘܪܫܠܡ. ܘܡܚܙܝܐ ܕܬܘܒܠܐ ܡܕܝܢܬܐ. ܘܐܬܬ ܡܢ ܪܘܡܐ. ܗܝ ܘܬܪܝܢ ܒܢܝܗ ܘܡܠܬܗ ܒܫܘܠܛܢܐ. (a, col. 2.) ܘܡܢ ܕܥܠܬ ܠܐܘܪܫܠܡ. ܢܦܩܘ ܟܠܗ ܡܕܝܢܬܐ ܠܐܘܪܥܗ. ܘܩܒܠܘܗ ܒܐܘܪܫܠܡ ܪܒܐ. ܫܡܥܘܢ ܕܝܢ ܐܝܟܘܬ ܕܟܠܢ. ܒܚܕ ܗܘܐ ܒܝܬܐ ܕܐܘܪܫܠܡ. ܘܡܢ ܐܘܕܥܬ ܕܡܠܟܘܬܐ ܟܠܗ ܐܬܬ. ܐܝܟ ܕܠܗ ܐܝܟ ܕܪܒܐ ܗܘܬ. ܘܡܢ ܚܙܬܗ. ܘܡܠܟܬܗ ܒܫܘܒܚܐ ܐܝܟ ܕܠܡܠܟܘܬܗ. ܘܡܛܠ ܠܗ ܗܘ ܚܝܠܐ ܘܬܕܡܪܬܐ ܘܚܘܠܡܢܐ ܐܝܟ ܕܡܠܟܘܬܗ. ܗܝ ܕܝܢ ܐܬܚܙܝ ܠܗ. ܚܙܬ ܠܗ ܠܥܘܠܡܬܐ ܘܡܠܟܐ ܘܡܠܟܬܐ ܗܘ ܕܐܬܚܠܦ ܠܟܠܗܘܢ ܡܝܬܢܐ. ܒܟܠ ܡܕܡ ܘܐܝܟ ܠܗ ܕܠܡܫܝܚܐ ܕܩܝܡ ܡܠܟܘܬܐ ܕܚܝܐ ܐܠܗܐ. ܡܛܠ ܐܝܟ ܠܗܘܢ. ܘܠܐ ܫܡܥܢ ܠܢ ܕܬܬܐ ܠܗܠܝܢ ܥܡܢ.

ܡܠܟܘ ܗܕܐ ܒܫܡܥܘܢ. ܐܠܐ ܦܠܚܝܢ ܠܢ ܕܠܐ ܢܥܒܪ ܡܡܠܟܗ
ܕܡܫܝܚܐ. ܘܩܘ̈ܪܝܬܐ ܣܓܝ̈ܐܬܐ ܗܘܘ ܐܬܪ̈ܐ (b, col. 1)
ܢܦܩܝܢ ܠܝ. ܘܟܕ ܫܡܥܬ ܗܠܝܢ ܡܠܟܐ ܕܢܦܩܬ ܠܡܕܝܢܬܐ
ܡܢ ܚܠܦ ܗܘܠܐ. ܘܡܬܒܥܝܢܐ ܡܢ ܡܫܚܐ. ܘܠܡܗܘܕܐ ܡܢ
ܟܠܝ ܡܠܘܟ. ܩܝܡܐ ܘܫܩܘܕܐ ܕܡܘܕܝܐ. ܘܐܡܪܬ ܠܗܘܢ.
ܕܐܬܟܢܫܘ ܫܘܠܛܢܐ ܘܡܕܝܢܬܐ ܘܢܫ̈ܐ ܕܟܠܗܝܢ. ܠܟܠܗܘܢ
ܘܠܐܟܠܝܢ ܕܡܟܠܝܢ ܠܗ. ܘܠܐ ܢܩܠܐ ܐܢܘܢ ܐܝܟ ܕܢܝܠܚܘܢ
ܠܥܠ ܐܡܪ ܟܢܫܐ ܕܬܫܡܫܬܗܘܢ. ܘܟܕ ܫܡܥܬ ܐܢܘܢ ܗܠܝܢ.
ܡܫܡܥܐ ܦܥܠܬ ܕܬܐܪܐ ܬܒܪܐ ܐܝܟ ܕܦܪܘܫܬܐ ܡܢ ܩܕܡܬܐ.
ܡܬܦܠܓ ܐܢܝܢ ܠܟܠܗܘܢ ܘܠܐܟܠܝܢ ܕܡܟܠܘ. ܘܡܢ ܟܕ ܒܢܬ
ܠܡܕܝܢܬܐ. ܐܦܩܕܬ ܗܘ ܬܒܠܬܐ ܕܟܢܫܐ. ܚܝ ܕܡܠܟ. ܘܬܩܝܡ
ܕܟ̈ܬܒܐ ܕܡܦܩܝܢ ܗܘܘ ܠܟܠܗ. ܘܡܢ ܡܕܝܢܬܐ ܡܕܝܢܬܐ ܗܘܝ
ܘܡܢܝܗ. ܢܦܠܬ ܥܠܝܗ ܩܠܐ ܡܢܐ ܘܩܒܠܬ. ܕܠܐ ܦܘܫܐ
ܘܕܠܐ ܡܘܬܒܐ. ܘܡܢ ܒܪܬ ܡܠܟܘܬܐ ܕܡܩܒܠܬ ܥܠܝܗ ܡܠܝ
ܡܠܟܐ. ܒܪܘܟ ܘܪܟܒܬ ܥܠܝܗ ܡܪܟܒܬܐ. ܘܐܡܪܬ. (b, col. 2)
ܡܫܝܚܐ ܕܗܘܝ ܢܦܫܗ ܠܟܠܗ ܚܠܦ ܡܠܟܘܬܐ ܥܠܡܝܢܐ.
ܘܐܬܒܛܠ ܘܐܬܒܪܝ ܦܘܩܕܢܐ ܗܢܐ. ܘܟܕ ܥܒܕܬ ܕܠܟܠܗܘܢ.
ܘܐܡܪܬ ܠܟܠܗ ܠܫܝ̈ܢܐ. ܠܐ ܢܦܩܘܢ ܡܢܗ ܡܘܕܝܐ ܘܫܡܝܐ
ܕܦܪܫܬ ܡܢܟܝܢܬܐ. ܘܒܝܢܝ ܠܗ ܘܐܬܡܢܝܘ. ܕܟܠܗ ܕܡܦܪܫܬ
ܩܛܠܘ ܘܐܘܟܠܬ ܡܠܟܝܢܐ. ܗܘܐ ܠܗ ܗܘܦܟܐ. ܡܚܕܐ ܐܢܐ
ܡܢܗ. ܕܠܐ ܗܘܝܐ ܐܢܐ ܕܐܬܦܠܓܬ ܡܠܝ̈ܐ ܕܢܦܩܬ ܠܩܪܝܬܐ
ܫܠܝܚܐ. ܐܠܐ ܐܝܟ ܕܝܘܡܐ ܡܠܝ̈ܐ ܡܫܟܚ ܕܠܐ ܠܬܚܘܬ ܡܠܟܘܬܐ
ܗܕܐ. ܘܡܢ ܗܠܝܢ ܡܬܦܠܓܐ ܘܫܡܐ ܐܦܪܐ ܗܘܬ. ܡܢܟ ܗܕܐ
ܚ̈ܝܠܐ ܕܡܬܥܝܪܝܢ ܠܗ. ܡܪܝ ܡܪܝ ܦܠܐ ܘܐܡܪܬ ܠܗ ܡܢ
ܕܝܢܐ. ܡܟܠܝܐ ܡܢܗ ܕܐܡܪ ܐܢܐ ܡܢܟ ܡܬܟܠܝܢ

(f. 294, a, 1) ܗܢܐ ܦܘܩܕܢܐ ܕܢܦܩ ܕܡܢ ܡܠܟܐ ܩܘܕܪܐ
ܕܥܘܠܐ. ܠܐ ܗܘܐ ܣܘܥܪܢܐ. ܐܠܐ ܕܢܬܚܫܒ ܥܡ ܚܒܪܐ ܘܠܐ
ܢܬܦܪܩ ܥܡܗ. ܗܐ ܐܡܫܚܝ ܥܡܠܐ ܡܥܪܐ: ܢܟܠܬܐ ܕܟܪ̈ܣܝܐ.
ܘܠܐ ܡܬܚܫܒ ܐܝܠܘ ܡܢܗܘܢ ܕܟܠܗܘܢ ܕܡܥܡܝܢܐ. ܗܘܝܘ
ܦܪܘܛܘܠܡܘܣ. ܟܕ ܡܬܪܥܝܐ ܠܗ ܐܠܗܘܬܐ. ܕܥܠܝܗ ܘܐܬܦܪܣܝܐܬ
ܐܡܪ ܠܗ ܡܪܗ. ܘܢܦܩܬ ܗܝ ܡܐܝܩܬܗ. ܚܕ ܡܢ ܗܠܝܢ
ܪ̈ܫܝܥܐ ܘܫܥܝܢܘܬܗ ܟܠ ܡܠܟܐ ܕܒܪܬܗ ܘܐܡܪܬ. ܡܫܝܚܐ
ܕܝܢܝܘ ܣܬܠܐ ܠܡܫܝܚܐ ܥܬܝܕ ܗܘܐ. ܐܡܠܟܐ ܕܡܫܒܚܝܢ
ܘܗܘ ܡܫܒܚܝܢ. ܐܦ ܕܝܠܗ ܗܘ ܡܠܟ. ܗܢܐ ܪܘܡܐ. ܕܥܡ ܐܬܬܠܟܬܗ
ܐܬܡܠܟ ܡܢ ܡܛܠܐ. ܚܕܐ ܚܝܠܐ ܕܐܬܗܘܟ ܥܠܝܢܐ ܗܢܐ.
ܡܐܢܐ ܗܕܐ ܚܙܬ ܘܐܬܦܠܓ. ܘܥܡܗܘܢ ܗܘܦܕܐ (a 2.)
ܘܥܡܗܘܢ ܪܘܡܐ. ܘܦܘܩܕܢ ܚܒܪܐ. ܗܘܝܘ ܡܡܟܬܗ
ܕܥܡܟܬܗ ܠܐܚܪܢܐ ܘܐܡܪܬ. ܠܗܘܢ ܕܦܘܪܫܢܗ ܦܬܟܪܐ ܡܟܠܗܘܢ
ܚܪܡܬܐ. ܘܪܘܚܐ ܣܬܪܐ ܕܡܟܠܗܘܢ ܥܠܬܠܐ ܕܡܬܦܠܓܝܢ
ܠܟܘܬܗ. ܘܠܐ ܦܘܡܢܐ ܡܢ ܥܡܘܬܐ ܕܐܡܠܟ ܕܦܪܩ ܠܗ.
ܐܦ ܕܡܠܟ ܗܘ ܡܢܗ ܗܢܐ ܪܘܡܐ. ܚܕܐ ܚܝܠܟ ܐܡܪ ܕܡܠܟܝܢ
ܐܠܗ. ܘܡܐܢܐ ܗܕܐ ܚܙܬ ܡܬܡܠܟܢ ܘܥܡܗܘܢ ܣܬܪܐ
ܦܬܟܪ̈ܐ ܠܟܠܡܪܐ. ܘܐܬܦܠܓܬ ܦܘܠܓܐ ܕܡܬܡܠܟܬܐ
ܠܡܫܡܫܢܝܬܐ. ܘܟܕ ܐܬܝܗܒ ܐܬܦܠܓܬ ܗܘ. ܘܢܦܩܬ ܗܝ
ܕܟܬܒܐ ܘܗܡܝܢܘܬܗ ܟܠ ܡܠܟܬܗ. ܘܟܕ ܚܙܬ ܗܘܬ ܕܐܬܦܠܓ
ܦܘܠܓܗ ܒܡܠܟܘܬܐ. ܡܢ ܚܒܪܐ ܐܡܪ ܕܡܬܟܪܟ ܠܡܕܝܢܐ. ܣܢܐ
ܡܢܗ ܘܡܒܟܐ ܟܕ ܡܫܡܫܐ ܗܘܬ ܠܗܘ ܕܐܣܝܗ ܡܠܟܘܬܗ.
ܦܪܘܛܘܠܡܘܣ ܕܡܢ ܟܕ ܚܙܬ ܗܘܬ ܘܕܚܠܬ ܐܡܪܬ (b, col. 1.)
ܐܡܪܬ ܕܗܠܝܢ ܗܕܐ ܠܡܠܟܘܬܐ ܠܐ ܗܘܬ. ܕܚܙܝܐ ܗܘܬ ܕܡܫܡܫܝܢ
ܗܘܝܢ ܪܘܡܐ ܕܡܫܝܚܐ ܕܡܢܗ ܥܡ ܡܠܟܐ. ܘܡܫܡܫܝܢ

ܗܘܝܢ ܠܟܢ ܡܢ ܗܠܝܢ ܕܚ̈ܫܐ. ܗܫܐ ܡܟܝܠ ܐܬܬܙܝܥ. ܕܟܠ ܗܢܐ ܐܡܪܬ ܕܡܫܚܐ ܐܬܓܠܝ ܡܢ ܥܠܡܗ ܦܪܘܫܐ ܕܟܠ. ܘܡܫܡܫܬܗ ܠܝ ܠܦܘܡܐ ܕܡܫܚܐ ܕܡܫܝܚܐ ܠܡܫܡܫܘ ܕܠܬܠܬܝܢ ܒܐܬܪܐ ܪܒܐ. ܘܫܒܩ ܕܠܐܫܠܡ ܒܫܡܝܐ ܪܒܐ ܘܡܬܟܟܒܢܐ ܟܠ ܙܡܢܘܬܐ ܡܟܠ ܡܫܪܐ. ܠܐܬܪܐ ܕܗܠܝܢ ܕܡܥܢܝܬܐ ܡܬܩܦܬܐ. ܘܡܢ ܣܓܝ ܡܟܒܫܬܐ ܕܐܬܟܒܫܬ ܠܟܠܗܝܢ ܡܢܗ ܡܬܡܠܠܬܐ ܗܫܒܐ ܕܝܠܗ ܠܫܥܬܐ ܐܬܐ ܠܗ ܣܓܝܐܘ ܡܬܡܢܘܢ. ܐܝܟ ܕܐܬܚܙܝ ܠܟܠܗܘܢ ܘܐܦܣ ܠܐܠܗܐ. ܡܫܕܪܐ ܕܝܢ ܡܫܠܚܐ ܕܝܫܘܥ ܡܫܘܪܐ ܕܚܕܬܐ. (b, col. 2.) ܐܬܡܠܝܘ ܡܡܠܠܢܗ. ܘܥܕܡܐ ܗܘܐ ܐܬܐ ܕܡܢ ܡܠܟ ܗܘܠܡܘ ܕܡܢܝ. ܡܠܟ ܡܢ ܐܡܠܟ ܕܡܢܗ ܗܘܠܡܘ. ܘܐܙܠ ܠܗ ܡܐܒܐ ܕܙܒܢܐ ܗܕܐ ܠܗ̇ܘ ܡܢܗܘܢ ܡܠܟܝܐ ܣܓܝܐ̈ܐ. ܗܘܐ ܗܘܐ ܥܒܕܐ ܡܐܬܪܘܬܐ ܘܡܫܝܚܘܬܗ. ܘܐܡܠܟ ܒܝܘܡ ܗܕܐ ܟܠܗ ܐܡܠܟ ܕܡܥܒܕܘ ܡܢܟܣܝܢ ܗܘܘ ܠܐܠܗܐ. ܘܡܢ ܐܬܟܠ ܗܘܬ ܦܪܘܫܘܬ ܡܢ ܐܘܪܫܠܡ ܠܪܘܡܝ. ܟܕ ܡܬܡܠܠܬܐ ܕܢܟܪܝܐ ܗܘܬ. ܢܫܩܝܢ ܗܘܘ ܠܚܝܐ ܕܡܫܝܚܐ. ܘܡܢ ܟܠܗ ܠܪܘܡܝ. ܐܬܟܒܫܬ ܡܢܟ ܡܠܟܘܬܗ ܡܐܢ ܟܠ ܡܢܟ ܕܗܘܐ. ܘܡܢ ܡܫܟܚ ܗܠܝܢ ܢܦܫ ܠܐܠܗܐ. ܘܡܢ ܕܢܦܫܗ ܡܢܗܘܢ ܡܘܕܐ ܡܢ ܟܠܗ ܕܐܬܚܠܛܬ. ܘܐܦ ܠܡܫܟܚܘܢ ܡܐܐ ܐܬܟܒܫܬ ܗܠܝܢ ܡܢܟܣܝܢ ܕܫܟܝܢ ܗܘܘ ܡ̈ܫܟܢܐ ܡܫܪܝܘܬ: ܡܢܟ (fol. 295, a, col. 1.) ܡܠܟܘܬ ܦܪܘܫܘܬܗ ܕܐܡܠܟ ܕܢܦܫܟܢ ܢܦܫܗܘܢ ܘܠܗܘܢ ܠܡܫܝܚܐ ܠܡܫܝܚܐ. ܗܠܝܢ ܕܐܬܟܒܫܬ ܡܢܟܣܝܢ ܐܝܟ: ܕܐܬܚܙܝ ܡܟܐ ܪܒܐ ܗܘܡܠܟܘܬܗܘܢ. ܘܡܟܐ ܡܢܗ ܡܫܝܚܐ ܠܐܡܠܟ ܕܡܫܪܝܐ ܦܪܝܩ ܠܗ. ܘܡܫܡܫ ܐܢܫܐ ܕܡܢܝ ܪܒܐ ܒܐܬܪܘܬܐ

ܕܐܘܪܗܝ ܗܘ̇ ܚܕܐ ܒܫܬܠܡܘܬܗ ܠܗܠܝܢ ܫܘܒܚܐ. ܗܘܘ̇ ܡܕܝܢܗ ܘܡܢܝܪܗ ܠܘܬ ܟܠܗܘܢ ܡܬܟܫܦܢܘܬܗܘܢ. ܘܐܦ ܗܕܝܘܗܝ ܡܠܟܝܢܐ ܦܠܚܝܢ ܗܘܘ ܘܡܫܡܫܝܢ ܠܡܫܡܫܘܬ ܐܠܗܘܬܐ ܕܫܦܝܪ ܗܘܐ ܡܫܡܫܢܐ ܒܐܬܪܘܬܗܘܢ. ܘܡܫܬܒܚܝܢ ܗܘ̈ܘ ܒܝܕ ܟܠ ܥܕܬܐ. ܕܠܗ ܫܘ̈ ܘܠܟܠܢ ܬܫܒܘ̈ܚܬܐ ܐܡܝܢ. ܫܠܡܬ.

2) e codice Mus. Brit. Add. 14,644.

(18 r.) ܬܘܒ ܬܫܥܝܬܐ ܕܐܡܝܪܐ ܐܬܡܠܠܬ ܥܠ ܩܕܝܫܐ ܕܬܪ̈ܬܝܢ ܙܒ̈ܢܝܢ. ܒܟܘܠܗ ܡܫܝܚܘܬܐ ܗܠܝܢ ܡܠܟܘܬܐ. ܐܝܟ ܕܠܡܦܩܢܐ ܘܫܡܥ ܠܗܠܝܢ ܡܫܬܠܛܢܘܬܗܘܢ ܡܠܟܐ ܒܪܫܢܝܬܐ. ܕܐܦܝܣܩܘܦ ܕܐܘܪܗܝ.

ܬܘܒ ܐܝܬ ܥܠܝܗ ܘܡܫܡܫܝܢ ܚܒܪܐ ܡܫܡܫܘܬܗ ܕܫܡܥ ܠܗܠܝܢ ܡܫܬܠܛܢܘܬܗܘܢ ܬܚܘܒܬܐ ܡܕܝܢܬܐ ܘܡܫܬܠܡܢܘܬܐ ܕܫܠܝܐ ܕܡܫܝܚܐ ܐܝܟ ܡܐ ܠܡܫܡܫܢܘܬܐ ܗܟܢܐ ܐܝܟ ܕܡܬܠܐ ܕܡܫܬܠܛܢܘܬܐ ܠܡܫܝܚܘܬܐ ܦܠܚܐ ܘܡܫܡܫܬܐ. ܐܠܐ ܗܘ ܐܝܬܘ ܗܢ ܕܫܘܠܛܢܗ ܡܠܟܐ ܦܪܝܫܐ ܡܕܝܢܬܐ ܗܘܐ ܘܢܘܗܪܐ ܕܠܗ ܡܢܗ ܡܥܠܝܐ ܡܫܝܚܐ ܫܦܝܪ ܗܘܐ ܠܗܘܢ. ܘܐܝܟ ܕܐܡܝܢ ܗܘܐ ܫܡܫܬܐ ܡܛܠ ܢܦܫܐ ܫܦܝܪܐ ܗܘܐ ܠܗ ܠܡܫܡܫܘ ܘܠܡܫܡܫܘܗܝ ܐܝܟܢܐ ܕܡܠܟ ܡܫܝܚܐ. ܡܢ ܒܬܪ ܢܦܫ ܕܡܫܬܠܛ ܠܗ ܦܘܠܚܢܗ ܕܡܠܟ ܘܕܐܝܠܝܢ ܐܬܬܠܝ ܫܡܫܐ. ܘܕܡܢ ܡܢ ܫܡܫ ܡܫܡܫܢܬܐ ܠܡܠܟܘܬܐ ܡܫܬܘܕܝܢ. ܠܐ ܡܫܬܠܛ ܡܢ ܗܘܐ. ܡܫܝܚܐ ܕܐܫܬܡܫ. ܗܘ ܕܝܢ ܡܫܡܫܢܘܬܐ ܐܝܬ ܠܗ ܘܡܫܠܛ ܠܐܘܪܗܝ ܒܐܡܪܐ ܘܫܡܠܐ ܫܦܝܪܐ. ܒܫܘܠܛܢܐ ܘܡܫܬܪܝܢ ܒܐܡܪܝܢ ܐܡܪ. ܘܡܢ ܠܡܫܡܫܢܘܬܐ ܕܡܫܬܠܛܐ ܘܡܢ ܡܫܡܫܢܐ ܕܐܡܝܢ (f. 18 vers.) ܒܠܘܫܐ ܫܦܝܪܐ ܠܟܠܝܗ. ܠܗ ܕܫܡܫ

ܡܚܝܠܘܬܐ ܒܟܝܢܗ. ܐܠܐ ܐܦ ܡܢ ܐܝܠܝܢ ܕܠܒܪ ܡܢܗ. ܕܫܘܕܥܐ ܘܣܝܥܘܬܐ ܕܠܘܬܗܘܢ ܢܦܩܬ. ܐܘܪܫܠܡ ܓܝܪ ܒܢܘ ܐܝܬܐ ܒܝܕ ܡܠܟܐ ܚܪܝܒܬܐ ܗܘܬ. ܘܐܠܐ ܐܝܟ ܕܟܬܝܒ ܐܬܟܢܫܘ ܐܠܦܝܢ ܡܘܬܒܐ ܠܐ ܐܫܬܟܚܘ ܒܗ. ܘܟܕ ܐܬܢܨܚܘ. ܐܡܪܝܢ ܠܗܘܢ ܥܠܡܝܐ. ܐܢܐ ܡܠܟܬ ܡܢ ܦܬܓܡܐ ܩܕܝܡܐ. ܕܫܘܦܪܐ ܗܘܝܬܘܢ ܕܠܒܐ ܡܢ ܒܝܬܗ. ܘܡܛܠ ܕܐܬܬܠܡܘ ܡܢܗ ܡܕܝܢܬܐ ܕܩܘܕܫܐ. ܘܡܢܝܢ ܕܙܒܢܐ ܗܘܐ ܠܡܫܝܚܘܬܗܘܢ ܡܢ ܒܬܘܠܬܐ ܕܡܠܟܘܬܐ ܕܫܠܡܘ ܡܢܗܘܢ ܕܒܗ ܢܘܡܘܣܐ ܡܠܟ ܒܢܝܐ ܕܫܡܝܐ ܒܪܘܚܐ ܕܒܠܗܘܢ. ܡܠܟܘܬܐ ܕܩܘܕܫܐ ܫܡܘܐܝܠ ܘܕܒܝܬܐ ܫܡܥܘܢ ܡܛܠ ܗܕܐ ܐܟܪ ܠܟܠܗܘܢ ܗܠܝܢ ܒܬܘܠܬܐ ܕܡܠܟܝܢ ܒܡܠܟܘܬܗܘܢ. ܡܠܘ ܠܗ ܗܟܢܐ ܐܠܦܝܢ ܡܠܟܘܢ ܐܝܠܝܢ ܕܡܠܟܝܢ ܠܡܠܟܘܬܐ ܫܠܡܬܐ. ܕܗܠܝܢ ܢܡܘܣܐ ܟܠ ܡܠܟܘܬ ܕܡܠܐܟܐ ܐܢܐ ܠܗܘܢ. ܗܠܝܢ ܕܡܢ ܡܠܟܘ ܡܢ ܡܠܟܘܬܗ ܒܡܠܟܘܬܐ ܪܒܬܐ. ܘܒܝܕ ܡܠܟܘܬܗܘܢ ܐܝܠܝܢ ܕܡܠܟܝܢ ܢܡܘܣܐ ܐܝܟ ܟܬܒܐ ܚܕ. ܘܐܡܬܝ ܐܠܗ ܡܠܟ ܡܠܟܘܬܐ. ܘܟܠܗ ܡܠܟܘܬܐ ܘܐܡܪܝܢ ܠܗܘܢ. ܡܫܝܚܐ ܡܠܟܐ ܘܪܝܫܐ ܒܡܠܟܘܬܐ. ܠܐ ܓܝܪ ܐܫܬܟܚܘ ܒܡܠܟܐ ܕܩܘܕܫܐ. ܕܐܡܬܝ ܗܢܘܢ ܡܠܟܐ ܐܫܬܟܚܘ ܒܗ ܡܫܝܚܘܬܗ ܕܡܪܢ. ܘܡܛܠ ܗܕܐ ܡܠܟܘܬܐ ܐܢܐ ܠܗܘܢ ܡܠܟܘܬܐ. ܡܠܟܐ ܓܝܪ ܕܗܘܐ ܐܡܪ. ܕܡܫܝܚܐ ܠܡܠܟܐ ܠܡܠܟܘܬܐ ܒܡܠܟܘܬܗ. ܗܘܐ ܡܢ ܡܫܝܚܐ ܕܠܐ ܐܪܥܐ. ܘܡܠܟܐ ܐܡܠܟܐ ܐܡܪ. ܒܬܪܐ ܪܫܝܬ ܘܐܡܪܝܢܬܐ. ܘܗܠܝܢ ܐܟܠܡܘ ܒܗ. ܘܕܡܝܐ ܠܟܠ ܠܘܬܐ ܡܠܟܐ. ܘܡܠܟܐ ܐܘܪܫܠܡ ܕܡܠܟܐ. ܠܟܠ ܒܝܢ ܠܐ ܡܠܟܘܬ. ܘܐܡܬܝܢܐ ܠܐ ܐܫܬܟܚܘ. ܘܐܦ ܒܟܠܗܘܢ ܩܕܡܝ ܠܟܠܗܘܢ ܟܠ ܡܠܟܘܬܐ ܡܠܟܬܐ. ܡܠܟܐ ܗܘܐ ܕܐܠܗܐ ܐܫܬܟܚܘ ܗܫܐ ܗܘܬܗܘܢ (fol. 19 rect.) ܗܪܟܐ ܡܫܝܚܘܬܐ

ܕܒܬܠܡܝܕܘܬܐ ܐܝܟܐ ܡܘܟܠܐ ܗܘܐ ܗܢܐ ܠܗ ܒܟ̈ܠ. ܕܬܠܡܝܕܘܬܐ
ܣܘܪܣܪܐܝܬ ܡܫܡܫܝܢ ܕܐܬܐܠ̈ ܐܝܟ ܘܢܫܝܟ ܠܗ ܒܦܘܠܚܢܐ.
ܫܦܝܪ ܕܝܢ ܗܘ ܠܡܫܡܫܘܬܐ ܗܟܢܐ ܕܠܝܛܘܪ ܐܝܟ ܩ̈ܘܪܒܢܐ.
ܕܒܦܘܪ ܠܐ ܠܟܪܝܗ ܒܪ ܡܫܠܡܝܢ ܒܦܘܠܚܢܐ. ܗܠܝܢ ܕܝܢ
ܢܫܒܘ ܡܠܟܐ ܡܢ ܡܠܝ ܣܒ ܘܢܨܒܘ ܐܘܦ ܡܠܘܗܝ ܐܝܟ
ܐܬܡܠ ܣܘܡܡܟܐܐ ܘܐܦܘ ܘܡܫܟܘ ܡܕܡܢܘ. ܘܢܐܡܠܐ ܕܦܠܝ
ܐܝܟ ܗܠܝܢ. ܘܐܡܪܘ ܕܡܪܘܬܗܘܢ ܕܬܠܡܝܕܘܬܐ ܣܬܡܬܐܝܬ.
ܘܚܪܡܬ ܗܘܐ ܕܐܠܦ ܐܝܟ ܡܢ ܐܡܪܐ. ܐܢܫ ܐܬܡܛܘ
ܚܪܡܪܐܝܬ ܟܠܐ ܩ̈ܠܝܢ ܐܫܪܐܝܬ. ܐܝܟ ܕܐܡܪ ܒܬܟܐ. ܕܐܬܟܢܝ
ܐܢܫ ܒܬܪ ܫܡܫܘܬܐ ܕܐܩ̈ܘܡܘ ܡܛܠ̈ܐ ܗܠܝܢ ܕܐܡܪܝܢ
ܕܡܫܡܫܢܐ ܠܐ ܗܘܐ ܟܠܗ ܗܘ. ܐܢܫ ܕܪܚܡ ܐܢܫ ܒܬܠܡܝܕܘܬܐ
ܘܒܠܒܐ ܘܐܢܫ ܠܐ ܡܫܬܡܠܝܢ ܐܢܫ. ܗܢܘܢ ܕܝܢ ܐܡܪܘ
ܕܠܝ ܦܪܝܢ ܠܝ ܘܡܫܬܡܠܝܢ. ܡܠܐ ܐܝܟ ܕܝܢ ܡܠ̈ܐ
ܕܡܫܟܠܐ ܐܠܦ ܠܦܠܝ ܡܦܪܫ. ܐܡܪ ܠܝ ܦܠܚܐܝܬ ܘܐܘܕܥ
ܠܝ. ܕܐܦ ܠܝ ܐܝܟ ܣܒܝ ܢܫܐ ܦܘܠܚܢܐ ܠܡܠܟܘܬܟ.
ܘܐܡܪܬ ܠܗܘܢ ܕܐܝܟ ܐܠܐ ܦܫܘ ܐܡܠܝ ܕܚܝܪ ܡܫܬܫܡܝ
ܒܫܡܠܐ ܕܬܠܡܝܕܘܬܐ. ܗܠܝܢ ܕܝܢ ܡܢ ܐܬܠܝ ܐܡܪܝܢ ܗܘܘ
ܒܡܫܬܡܠܝܢ. ܡܠܦܢ ܡܠܐ ܡܢ ܒܗܠܐ ܠܡܠܐ ܫܦܝܐ ܦܬܐ
ܠܝ ܡܠܟܬܐ. ܡܢ ܡܠܘܗܝ ܕܝܢ ܕܡܫܟܘ ܗܘܐ ܡܘܗܕܐ ܐܡܪ
ܠܗܘܢ. ܐܢܐ ܡܢܝ ܐܢܐ ܘܪܐ ܐܒܐ. ܕܟܠ ܡܫܐ ܗܘ ܕܩܘܡܘ
ܠܟܠܗܘܢ ܐܩ̈ܘܡܝ ܠܡܫܘ ܡܟܬܒܐ ܠܝ. ܐܠܐ ܣܪܘ ܕܟܬܒܐ
ܐܝ ܐܝܟ ܡܠܝ ܡܢܝ ܠܐ ܠܗܘܐ. ܘܐܝ ܕܝܢ ܠܐ ܡܠܘܗܝ ܟܐܪܐ
ܕܐܩ̈ܘܡܝ ܡܫܬܒܠܝܢ. ܘܐܦ ܠܡܫܘܬܐ ܦܠܛܐ. ܐܟܢ ܕܝܢ
ܐܟܘܬ ܕܐܟܢ ܫܦܝܪ ܗܘܐ ܠܐܟܢ ܒܝ ܡܠܬܐ. ܘܐܟܢ ܬܘܒ
ܡܢ ܡܠܬܐ (fol. 19 vers.) ܫܦܝܪ ܘܐܡܪ ܠܗ. ܣܘܣ ܨܒܝ

ܐܡܠܬܗ ܕܒܠܬܝܢ ܕܠܐܘܟܠܐ ܡܗܝܡܢܐ ܗܘ ܕܟܠܗܘܢ ܟܠܗ ܐܦܝܣܩܘܦܝܢ
ܠܡܡܘܟ. ܐܡܠܝܢ ܕܐܦ ܡܢ ܒܪܝܢ ܡܪܩܘ ܗܘܘ ܠܟܠܗܘܢ
ܘܐܡܪܘ ܕܐܡܠܟܐ ܐܬܠܬܘܗܝ. ܐܠܗܐ ܕܝܢ ܘܡܫܬܐܠܝܢ ܠܟܘ
ܡܢܟ ܕܟܘܡܘܣ ܡܢܐ ܐܡܪ. ܠܐ ܓܝܪ ܟܘܣ ܡܡܠܟܘ ܓܒܪܐ
ܗܢܐ ܕܡܗܝܡܢܐ. ܐܠܐ ܡܟܡܢ ܐܬܠܬܗ ܐܡܟܐ ܕܡܫܝܚܘܬܗ
ܕܡܗܝܡܢܐ. ܘܗܘ ܡܡܠܟܘ ܠܟܠܟܠ ܠܟܠܡܢ. ܗܘܝܘ ܓܝܪ
ܡܟܠܟܠ ܒܙܢܗ ܕܟܠܗ ܚܝܐ. ܘܐܢܐ ܐܡܪܬ ܠܗ. ܐܝܟ ܟܠܗ
ܡܟܠܝܢ ܗܘܘ ܐܦܝܣܩܘܦܝܢ ܕܗܘܘ ܡܗܝܡܢܐ. ܟܠ ܡܕܝܢܬܐ ܐܝܟܢܐ
ܐܬܒܝܘܗܝ ܠܟܠܗܘܢ. ܡܢܝܐ ܘܐܡܪ ܠܗ. ܡܠܟܘܬܐ ܒܪܢ. ܐܝܟ
ܡܢܐ ܓܝܪ ܕܐܡܪܝܢ ܗܘܘ ܐܦܝܣܩܘܦܝܢ. ܠܐ ܡܫܬܘܕܥ ܐܬܠܬܟ
ܠܟܠ ܐܦܝܣܩܘܦܐ. ܐܠܐ ܐܦ ܡܡܠܟܝܢ ܗܘܘ ܠܟܘܡܘܣ ܡܡܠܟܘܬܗ
ܕܟܡܢܐ ܘܡܫܬܘܕܥܘܢ. ܕܡܟܠܝܢ ܗܘܘ ܕܐܦ ܗܘܝܘ ܡܗܝܡܢܐ.
ܘܐܦ ܗܘ ܡܩܪܐ ܡܟܡܫ ܗܘܐ ܠܗܘܢ ܐܠܟܣܢܕܪܝܐ ܘܗܕܝܢ
ܒܫܡܥܗܘܢ ܣܡܥܘܗܝ ܘܐܬܟܠܗܘܢ ܠܗܘܢ ܕܠܐ ܡܟܐ.
ܘܐܫܬܘܗܝ ܗܘܘ ܡܢ ܐܡܟܐ ܘܡܢܪܘܗܝ. ܘܡܢ ܒܬܪ ܟܠܟܐ
ܡܡܠܝܢ ܡܟ ܘܣܡܘ ܠܥܡܗ ܠܟܠܟܡܝܢܘܗܝ. ܒܗܠܝܢ
ܗܡܠܝܢ ܗܘܐ ܐܦ ܐܣܟܘܠܣܛܝܩܘܣ ܐܝܟܘܗܝ ܕܐܝܟ ܕܐܝܟ. ܘܒܪܗ
ܗܘܐ ܠܡܠܟܘܬܐ ܒܡܠܟܘ. ܘܐܬܡܢܘ ܗܘܘ ܠܟܠܗܘܢ ܦܪܝܫܐ
ܘܕܝܢܐ ܘܡܫܡܥܘܗܝ ܘܢܝܫܘܗܝ. ܘܗܘ ܢܦܫܐ ܡܢ ܒܪܢܫ
ܕܠܡܠܟ ܠܥܡܗ. ܚܪ ܒܡܫܝܚܐ ܘܝܠܦ ܘܐܡܪ. ܡܟܝܠ ܠܐ
ܟܡܡܘܣ ܠܗܘܢ ܫܠܝܛܐ ܗܘܐ. ܡܠܟܘܬܐ ܗܟܢܐ ܒܪܝܟ
ܘܐܟܠܝܢ ܡܢܝܫܬܟܠܐܟܬܗ ܕܡܡܘܟ. ܐܦ ܫܐܠܐ ܗܘ ܕܟܠܐ ܓܒܪܐ
ܗܡܠܐ ܐܬܠܬܘܗܝ ܗܘܐ. ܘܒܐܘܡܟܠܟܬܐ ܕܠܡܠܟܐ ܡܟܢ ܗܘܐ.
ܐܦ ܗܘ ܢܝܪܐ ܗܘܐ ܠܟܠܐ ܕܡܠܡܡܟܠܝܢ ܗܘܘ ܒܗ ܒܡܗܝܡܢܐ.
ܘܟܠܗ ܗܘܐ ܠܡܟܐ (f. 20 rect.) ܫܠܝܛܐ ܠܟܠܗܘܢ ܕܐܢܫ

ܐܫܬܠܡܘܗܝ ܡܢ ܡܛܪܢܘܬܐ. ܘܟܕ ܠܠܘܬܗ ܡܩܪܒܝܢ ܩܘܪܒܢܐ. ܘܡܪܨܘ ܠܡܠܟܗ ܡܚܘܝܢ ܠܗ ܠܡܠܟܘܬܐ. ܡܛܠ ܗܢܐ ܓܝܪ ܐܡܪ ܕܢܦܘܩܘܢ ܐܣܝܪ̈ܐ. ܗܝܡܢܘܬܐ ܓܝܪ ܕܒܪܐ ܗܘ ܕܐܠܗܐ. ܘܐܦ ܓܒܪ ܠܐ ܢܫܬܘܦ ܠܠܘܬܗ ܘܠܐ ܢܩܪܒ ܠܐܝܠܝܢ ܕܡܬܗܡܢܝܢ ܒܗ. ܗܢܘܢ ܟܕ ܚܙܘ ܕܠܠܘܬܗܘܢ. ܐܝܟܢܐ ܗܘܐ ܕܡܬܗܡܢܝܢ ܡܠܟܘܬܐ ܐܦܝܣܐ ܣܓܝܐܐ. ܐܦ ܕܝܢ ܠܐ ܠܟܗܢܝܢ ܫܦܝܪ. ܗܠܝܢ ܫܡܥܘ ܐܦ ܡܫܡܫܢ ܗܘܐ ܠܗ. ܗܘܐ ܐܝܟ ܡܫܡܠܝܢ ܐܢܫ. ܡܢܐ ܡܠܟܐ ܠܗܘܢ. ܐܝܟܢܐ ܕܡܬܐܠܨܝܢ ܡܢܐ ܡܫܝܚܐ ܢܦܫܐ ܠܗ ܡܛܠ ܗܢܐ ܕܢܦܫܐ. ܡܛܠ ܗܠܝܢ ܘܐܡܪܘ ܠܗ. ܚܙܝ ܡܢ ܡܠܟܘܬܟ ܗܠܝܢ ܡ̈ܠܐ ܕܡܬܦܠܓܝܢ ܡܠܟܐ ܡܢܝܢܐ ܠܐ ܡܫܡܫܝܢ ܠܢ. ܗܟܢܐ ܐܡܪܝܢ ܠܟ ܕܐܝܬܝܟ ܕܐܦܝܣܐ ܡܠܟܘܬܐ ܕܡܠܟܐ ܠܗܘܢܘܬܐ ܐܘ ܡܢ ܐܝܬ. ܘܐܡܪ ܓܝܪ ܡܢ ܦ̈ܠܚܝܢ. ܐܦ ܕܐܝܟܢܐ ܐܬܬܘܣ ܡܬܡܢ ܐܝܬ. ܘܡܢ ܗܠܝܢ ܡܬܦܠܠܚܝܢ ܗܘܘ ܒܡܠܟܘܬܗܘܢ ܒܐܝܬܘܬ ܐܠܗܐ ܘܦܪ̈ܘܣܘܦܐ ܣܓܝ̈ܐܐ ܒܡܠܟܘܬܗܘܢ ܘܐܡܪܝܢ ܕܡܠܟܘܬܐ ܒܟܠ ܠܟܘܢ. ܘܐܦܠܐ ܐܢܘܢ. ܘܟܕ ܡܬܦܠܓܐ ܗܘܬ ܠܡܠܟܘܬܗܘܢ ܫܪܝܬܐ ܘܡܬܐܠܨܐ ܠܟܘܢ ܘܐܦ ܐܦܝܣܘ ܕܢܩܠܘܢ ܠܗ ܦܬܓܡܐ. ܦܩܕ ܕܠܡܕܝܢܬܐ ܢܬܟܢܫܘܢ. ܗܠܝܢ ܕܝܢ ܡܢ ܕܫܡܥܘ ܐܡܠܟܘܗ ܠܗ ܚܕ ܡܢܗܘܢ ܕܫܡܗ ܡܩܕܘܢܐ ܡܢ ܐܡܪܝܢ ܕܗܢܐ ܓܒܪܐ ܒܪ ܓܒܪܐ ܗܘܐ ܡܠܐ ܘܚܝܠܐ. ܘܡܢܗܘܢ ܒܫܡܗܘܢ ܡܠܟܘܬ ܡܢ ܡܠܟܐ. ܘܡܠܟܐ ܠܟܠ ܡܠܟܘܬܐ ܕܐܪܡܠܘܬܗ. ܘܡܢ ܗܢܐ ܫܘܪܝܐ ܐܫܬܘܕܝ ܗܘܘ ܠܠܘܬܗ ܡܬܩܪܒܝܢ ܗܘܘ ܐܝܟ ܡܢ ܠܡܠܟܐ. ܘܟܕ ܫܡܥ ܠܡܠܟܐ ܡܫܘܕܥܝܢ ܘܡܫܐܠ ܠܗ ܘܐܡܪ ܠܗ. ܐܝܕܐ (f. 20 vers.) ܡܢ ܐܪ̈ܥܬܐ ܓܒܪܐ ܐܝܬܘ ܠܟ. ܐܘ ܢܫܡܥ ܐܝܟ ܡܢ ܫܡܐ ܓܒܪܐ ܘܚܝ̈ܠܐ. ܐܘ ܡܠܟܐ

ܦܬܝܐ ܦܫܝܛܐ. ܫܘܒܗܪܐ ܐܡܪ. ܡܛܠܗ ܗܘ ܡܢ ܡܬܚܫܒ ܠܫܡܝܐ ܢܦܠ ܡܢ ܡܪܘܡܐ ܡܬܬܪܝܡ ܠܥܠܡܐ ܟܠܗ. ܡܟܝܟܘܬܐ ܐܡܪܐ. ܐܝܟ ܗܘ ܕܢܦܠ ܕܠܐ ܢܦܫܐ ܡܢ ܪܘܡܐ ܘܡܬܒܪ. ܐܡܪ ܠܝ ܐܝܟܐ ܡܬܟܢܫ ܦܓܪܐ ܕܐܒܝܠܐ. ܘܐܝܟܐ ܡܬܩܒܠ ܠܗܘܢ. ܫܘܒܗܪܐ ܐܡܪ ܐܝܟ ܡܐ ܕܡܬܩܒܠ ܒܡܠܟܘܬܐ. ܗܢ ܕܝܢ ܐܡܪܬ ܚܙܝ ܠܝ. ܫܘܒܗܪܐ ܐܡܪ. ܥܬܝܪܐ ܡܬܝܩܪܝܢ ܐܝܟ ܡܠܟܐ ܡܟܠܝܢ ܐܘ ܡܬܩܪܝܢ ܡܫܬܡܫܢܐ. ܘܢܦܩܝܢ ܡܢ ܥܠܡܐ ܥܬܝܕܝܢ. ܘܐܡܬܝ ܡܬܚܫܒܝܢ ܗܠܝܢ ܠܡܢܐ. ܡܟܝܟܘܬܐ ܐܡܪܐ. ܘܕܐܡܬܝ ܗܘ ܡܪܝܐ ܕܡܬܚܫܒ ܕܠܐ ܣܓܝ ܕܗܢܐ ܥܬܝܪܐ ܘܕܐܡܬܝ ܕܡܫܬܡܫ ܡܬܕܒܪ ܠܗ. ܘܐܝܟ ܕܐܦ ܡܢܗ ܢܦܩܝ ܐܡܬܝ ܕܠܐ ܠܡܬܩܪܝ ܗܘܐ. ܫܘܒܗܪܐ ܐܡܪ. ܠܡܢܐ ܗܟܢ ܕܠܐ ܡܬܬܠܡܕܝܢ ܗܠܝܢ ܡܬܝܩܪܝܢ. ܠܐ ܕܝܢ ܗܠܝܢ ܠܗܘܢ ܠܝ: ܡܟܝܟܘܬܐ ܐܡܪܐ ܗܢܐ ܕܥܬܝܪܝܢ ܒܗܢܐ ܕܐܦ ܗܕܡܝܗܘܢ ܗܘܝܢ ܢܦܩܝܢ ܡܢ ܥܘܬܪܐ ܦܪܝܫܐ. ܐܠܐ ܕܝܢ ܐܦ ܡܢ ܥܘܬܪܐ ܡܬܩܪܝܢ ܐܝܟ ܕܐܡܝܪ ܗܘܘ ܡܬܒܣܡܝܢ. ܫܘܒܗܪܐ ܐܡܪ. ܡܬܪܡܝܢ ܕܡܢܗ ܘܐܡܪܐ ܡܢܗ. ܡܟܝܟܘܬܐ ܐܡܪܐ. ܐܢܐ ܡܬܬܒ ܡܢ ܐܘܠܨܢܗܘܢ ܕܒܝܫܐ ܕܪܘܚܢܘܬܐ ܕܡܬܡܪܚܢܐ ܡܪܘܚܬܐ ܐܪܕܝܦ. ܐܠܐ ܗܘܝܬ ܗܘ ܕܥܘܬܪܐ ܣܓܝ ܠܝ ܐܝܬ ܗܘܐ. ܘܐܢܐ ܡܟܝܟܬܐ ܐܢܐ ܠܗ. ܘܡܫܟܢܐ ܐܢܐ ܕܡܟܝܟܘܬܐ ܐܢܐ ܠܗ. ܘܡܬܡܟܟܢܐ ܠܝ ܦܓܪܐ. ܫܘܒܗܪܐ ܐܡܪ. ܠܡܘܬܐ ܡܬܝܩܪܐ ܠܐ ܐܢܐ ܐܢܐ. ܡܛܠ ܕܐܢܐ ܐܝܟܢ ܗܘܝܬ. ܡܟܝܟܘܬܐ ܐܡܪܐ. ܕܡܫܟܢܐ ܡܟܝܟܐ ܐܢܐ ܗܘ ܕܐܪܕܝܦ. ܕܡܫܟܢܐ ܘܡܘܗܒܐ ܡܟܝܟܐ ܐܢܐ ܠܗ ܐܢܐ ܠܐ ܐܡܪ ܚܕܐ. ܘܗܝ ܐܡܪܐ ܗܠܝܢ. ܦܘܩ ܕܐܬܡܟܟܘܢ ܠܗܘܕܝܐ ܦܫܝܐ ܡܫܝܚܘܬܐ ܚܒܝܒܬܐ ܠܡܘܩܕܬܐ ܦܫܝܛܐ. ܘܠܗܕܐ (fol. 21 reot.) ܠܡܢ ܕܠܐ

ܫܡܝܪܬܐ. ܘܡܢ ܒܬܪܗ ܡܠܟܐ ܡܘܪܝܩܝ. ܗܟܢܐ ܡܗܘܕܐ ܥܠ ܗܘ ܟܣܪܐ ܘܐܬܪ. ܒܫܢܬܐ ܐܬܝܐ ܡܠܟܘܬܗ ܐܬܐ ܥܠ ܗܘ ܟܣܪܐ ܦܪܣܝܐ. ܘܐܬܐ ܡܠܟܐ ܐܬܐ ܠܘܬܗ ܕܢܥܕܪܝܘܗܝ ܕܢܣܒ ܡܠܟܘܬܐ ܕܝܠܗ. ܘܡܢ ܫܢܬ ܥܠ ܟܣܪܐ ܐܪܥܐ ܠܪܘܡܝܐ ܗܘ. ܘܡܠܟܐ ܡܫܠܡ ܠܗ ܒܪܝܬܐ ܡܢ ܐܦܪܝܢ ܗܘܠܐ. ܗܟܝܠ ܕܟܠܢ ܐܢܫܐ ܘܦܪܢܣܗ ܡܟܝܠ ܡܠܟܐ. ܘܐܬܠܝ ܦܘܪܢܣܗ ܠܥܘܐ ܕܐܢܫܐ. ܗܟܝܠ ܕܢܦܩ ܟܠ ܡܪܕܘܬܐ ܕܡܠܟܘܬܐ ܕܢܗܘܐ ܫܠܡ. ܡܠܟܝܢ ܒܗܘܢ ܠܡܠܟܐ ܕܠܐ ܡܫܬܠܛ. ܐܦܠܐ ܕܐܬܐ ܥܠ ܒܢܝܢܐ ܠܐ ܡܛܐ ܠܡܠܟܘܬ. ܗܟܝܠ ܕܟܠܢ ܫܪܝܪܐ ܕܠܐ ܡܬܠܟܝܢ ܠܡܠܟܘܬܗ. ܘܒܬܠܬܗܘܢ ܡܬܟܠܝܢ ܕܠܐ ܡܟܝܐ ܡܢ ܐܦܪܝܢ. ܡܢܗܘܢ ܡܢܗܘܢ ܡܢܗܘܢ ܡܪܝܐ ܡܫܬܠܛܐ. ܕܡܠܟܐ ܐܦܪܐ ܠܡܠܟܘܬܗ. ܐܝܬ ܗܘ ܡܪܝܐ ܥܠ ܡܠܟܘܬܐ ܕܥܠ ܒܟܠ ܐܬܝܢ ܐܡܬܝܢ. ܗܘܝܐ ܡܪܝܐ ܐܦ ܗܘ ܕܢܣܒܝܢ ܗܘ ܗܘܠܐ ܕܢܦܠܝܢ ܒܪ ܡܪܝܡܐ ܗܘ ܕܐܬܪܘܢ ܥܠ ܒܟܠܝܢ. ܡܠܟܘܬܐ ܕܗܘ ܠܐ ܥܠ ܒܟܠܝܢ ܗܘܐ. ܒܗ ܗܠܝܢ ܫܢܝܐ ܫܒܥܝܢ ܗܘܐ. ܘܠܐ ܥܠ ܡܢܗ ܫܢܬܐ ܒܟܠܬܐ ܡܬܟܢܝܢ ܘܐܡܪ ܗܘܐ. ܐܦ ܗܢܐ ܡܠܟ ܒܫܢܬܐ ܐܢܐ ܡܠܟܝܢ ܒܫܢ ܗܘܐ ܠܕܡܠܟܘܬܐ ܒܟܠܗ. ܘܐܡܪ ܕܝܫܘܥ ܒܡܫܝܚܐ ܕܢܬܒܠܥܘܢ ܕܡܫܬܒ. ܗܢܐ ܐܦ ܗܢܐ ܗܘܐ ܒܝ ܫܡܥܬܐ ܡܫܬܪܬܐ ܡܫܚܐ ܕܐܡܫܝܚ. ܘܐܦ ܒܡܕܐ ܕܒܬܐ ܠܡܟܢܫ ܢܫܦ ܡܠܟܗ ܒܠܝܙܐ ܕܟܘܫܬܐ ܘܐܘܡܝܬܝܢ ܐܦ ܐܢܐ ܒܡܫܝܚܐ ܕܐܬܪܘܫ ܕܗܘܘ ܡܫܬܠܛ ܒܟܠܬܐ ܒܟܠܟܢ. ܘܡܢ ܒܬܪ ܕܝܠܗ ܡܗܘܕܐ. ܒܪܡܫܬܗ ܗܘܐ ܡܠܐ ܢܦܠ ܒܪܘܡܬܐ ܗܘ. ܡܠܟܐ ܫܠܝܐ ܕܟܫܝܪܐ ܩܘܡܐ ܒܢܝܗ ܕܚܘܪܬܐ ܚܠܦ ܗܘܐ ܐܡܝܢܐ ܕܬܪܬܝܢ ܗܘܐ ܒܢ ܢܦܫ ܒܗܐ ܘܡܫܝܚ ܘܡܟܘܪܐ ܘܐܡܪ ܕܒܪܫܝܬ ܐܬܐ ܗܘ ܡܫܝܚܐ ܒܪܘܚܐ (fol. 21 vers.)

ܕܟܠ. ܡܛܠ ܕܐܢܐ ܟܕ ܡܢܗ ܕܡܢ ܠܐ ܗܘܐ ܐܢܐ ܠܐ ܡܬܚܙܐ ܠܟ ܡܢ ܡܬܚܙܝܢ. ܗܟܢܐ ܐܢܐ ܡܟܝܠ ܡܢܗ ܠܐ ܝܕܥ ܟܠܟ ܡܬܚܙܐ. ܐܠܐ ܡܬܟܬܠ ܟܘܠ ܗܘܢܐ ܐܣܛܘܟܣܐ ܐܝܬ. ܗܘ ܕܡܬܚܠܛ ܡܘܡܬܐ ܒܬܪܥܝܢ ܡܟܬܒܐ ܗܘܢܐ ܒܩܘܡܝ. ܘܡܢ ܐܡܪ ܗܘܠܝܢ. ܐܡܪ ܡܢܘܗܝ ܡܬܚܙܝܢ ܐܬܦܬܚ ܘܡܦܟ ܠܬܪܝܢ ܟܐܡܝܢ. ܘܡܢ ܡܥܪ ܐܡܝ ܟܬܪܝܢ ܡܫܢܝܢ. ܐܝܟܢ ܐܟܘܬܐ ܘܬܟܣܝܢ ܕܡܬܟܪܝܢ. ܘܐܟܠ ܐܝܟ ܟܢܗ ܡܢܝܢܘܬܐ ܟܘܐ ܡܟܬܒܘܬܐ. ܘܡܟܬܒܘܬܗ ܡܟܬܒܘܬܐ ܕܐܝܬܘ ܡܬܚܙܝܢ ܗܘ ܕܟܠܗܘܢ ܐܪܒܥ ܡܬܚܙܝܢ. ܡܢܐ ܐܢܐ ܚܙܝܪ ܕܐܬܬܡ ܡܬܚܙܝܢ ܕܚܛܝܬܐ ܐܝܟ ܗܠܝܢ ܕܐܪܒܥܗ ܟܠܗ. ܘܟܠ ܐܝܟ ܒܡܬܟܬܒܢܐ ܕܡܢܝܢܘܬܐ. ܘܡܬܩܛܪܝܢ ܗܘܘ ܕܠܚܘܕܝܗ ܗܘܟܝܢ ܕܡܬܚܙܝܢܐ. ܘܒܟܪܝܐ ܕܐܝܟ ܬܪܝܢ. ܟܕܢ ܗܘܐ ܡܬܚܙܐ ܚܕ ܟܕ ܡܬܚܙܝܢ ܟܗ ܒܡܬܚܙܝܢܐ. ܘܟܕ ܗܘ ܡܬܚܙܐ ܟܟܠܡܕܐ ܗܘܐ. ܡܛܘܠ ܕܝܢ ܐܡܪ. ܗܟܐ ܡܬܚܙܐ ܡܬܚܙܝܢܢ ܚܕ ܟܡܢܗ ܕܐܝܬ ܡܬܚܙܝܢܘܬܐ ܐܪܒܥܐ ܗܘ ܕܟܠܗܘܢ ܐܪܒܥ ܡܢܝ ܡܬܚܙܝܢܘܬܗ ܡܬܚܙܐ. ܡܬܚܙܝܢ ܡܛܘܠ ܟܟܬܒܐ. ܘܗܟܢ ܐܝܟ ܐܪܒܥܝܢ ܟܟܠܗ. ܘܠܐ ܗܟܢ ܡܬܚܙܐ ܗܘ. ܘܡܢ ܚܕܐ ܗܘ ܕܟܠܗ ܕܐܪܒܥ ܗܘܐ ܟܟܠܗܘܢ ܡܢܝ. ܒܗ ܒܡܬܚܙܐ ܡܬܚܙܐ ܗܘ ܚܕܐ. ܘܟܠܗܘܢ ܐܟܚܕ ܕܡܬܚܙܝܢ ܗܘܘ ܐܝܬܘ. ܘܡܬܚܙܝܢ ܠܐܟܗܐ ܟܠ ܡܬܚܙܐ ܕܚܕܐ. ܗܐܕܐ ܕܡܢ ܡܬܚܙܐ ܗܘܐ ܒܗܟܢܐ ܚܕ ܕܐܬܚܙܝܘ ܗܘܐ ܡܬܚܙܝܢ ܕܚܙܝܢܐ ܗܘ ܕܡܬܚܙܐ ܟܡܬܚܙܝܢ ܡܬܚܙܝܢܘܬܐ. ܘܡܟܢܐ ܘܐܡܪ. ܡܟܠܗ ܗܢܐ ܐܝܬ ܡܬܚܙܐ ܕܠܐ ܡܬܚܙܐ ܟܕ ܟܡܬܚܙܝܢܘܬܗ ܠܡܬܚܙܝܢܐ. ܐܘ ܡܟܝܠ ܡܬܚܙܐ ܕܡܬܚܙܝܢܘܬܗ ܟܡܬܚܙܐ ܟܟܠܡܐ ܟܡܢܝ. ܟܡܬܚܙܐ ܐܝܬ ܚܕܐ ܐܝܟ ܘܡܬܚܙܐ ܟܡܬܚܙܐ ܕܚܙܝܐ ܟܡܬܚܙܝܢ. ܐܘ ܡܬܚܙܐ ܡܟܝܠ ܡܬܚܙܐ. (f. 22 rect.) ܒܗ ܡܬܚܙܐ ܡܬܚܙܐ ܐܢܐ ܟܡܬܚܙܐ ܡܬܚܙܝܢܘܬܐ

ܕܒܬܪ ܡܕܒܪܐ ܫܥܬܐ ܕܝܢ ܗܢܐ. ܕܢܦܫܐ ܠܒܠܒܠܐ ܘܡܫܒܚܘ
ܐܡܪ ܐܚܫܒ ܡܠܟ܆ ܦܘܪܫܢܐ ܠܟ ܐܬܚܫܒ. ܐܢܐ ܡܬܕܪܟ ܘܡܬܕܪܟ
ܕܒܠܒܝ ܐܫܢܐ ܡܠܟܐ ܠܘܬ ܐܢܐ ܐܝܟ ܡܬܚܫܒ. ܘܠܡܬܠܠܝ
ܕܠܡܠܟܝ ܘܠܫܡܫܘܬ ܠܡܫܟܢܗ ܕܗܘ ܕܐܬܦܩܕ ܒܠܒܐ ܒܐܬܪ.
ܟܕ ܢܦܫܝ ܒܬܡܝܡܘܬܐ ܫܪܝܪܐ ܘܩܝܡܝܢ ܠܡܫܬܡܫܘ ܒܗܘ
ܕܐܬܦܩܕ ܕܗܢܐ ܐܘܪܚܬ ܒܗ. ܡܛܠ ܕܝܢ ܐܠܟܣܢܕܪ ܘܐܢܐ ܒܗ
ܒܝܬܐ ܗܘ ܕܐܒܘܢ. ܡܫܝܚܐ ܗܘ ܕܐܬܟܠ ܡܬܢܬܐ ܠܥܠܡ ܒܪ.
ܘܒܬܫܒܘܚܬܗ ܢܗܘܐ ܗܘ ܕܝܠܗ ܕܝܢ ܗܘ. ܘܟܕ ܚܙܐ
ܠܐܒܘܢܐ ܗܟܢܐ ܗܠܝܢ ܕܥܒܕ ܡܢܗ ܒܐܝܕܗ ܕܡܫܝܚܐ.
ܐܡܪ ܒܫܘܒܚܐ ܕܫܘܒܚܐ. ܘܗܘ ܗܟܢܐ ܒܬܫܪܝܬܐ ܫܠܝܚܐ
ܠܐܒܘܢܐ ܠܡܩܒܠ ܫܠܝܚܐ ܘܫܘܒܚܐ ܒܝܬܐ ܐܝܟ ܘܫܘܒܚܐ
ܡܬܚܙܝܐ. ܘܡܫܬܒܚ ܠܗ ܒܡܫܝܚܐ ܕܐܬܪܐ ܫܠܝܚܘܬܗ ܒܗ.
ܘܒܬܪ ܠܥܠܡܐ ܒܝܬܐ ܕܝܢ ܕܬܫܪܝܬܐ ܗܘܐ ܗܘ ܡܪܝܫܝܬܐ. ܘܗܘ
ܡܛܠ ܗܢܐ ܕܐܬܬܒܥ ܒܗ ܫܠܝܚܘܬܐ ܠܐ ܡܬܚܫܒܢܘܬܐ
ܒܡܫܝܚܐ. ܘܗܢܐ ܡܫܬܡܠܝܐ ܒܐܒܘܢܐ ܕܝܢ ܗܘ ܡܫܝܚܐ
ܒܐܝܕܗ. ܗܘ ܕܝܢ ܡܫܬܡܠܝܢܘܬܐ ܐܝܬܝܗ ܗܘܐ ܠܡܫܝܚܐ
ܠܐܦܣܩܘܦܐ ܗܘ ܕܐܬܬܘܣܦ ܗܘܐ ܥܠܝ ܒܗ ܒܬܪܥܐ ܗܘ ܒܗ
ܒܐܘܪܫܠܡ. ܡܠܝܐ ܕܐܦ ܗܘ ܐܚܕܝܗ ܗܘܐ. ܘܟܕ ܚܙܐ ܠܗ
ܐܦܣܩܘܦܐ ܕܥܠܝ. ܐܡܪܝܢ ܗܘ ܡܠܟܘܬܐ ܠܫܠܝܚܐ ܐܘܫܦܪ
ܐܦܣܩܘܦܐ ܕܪܗܘܡܝܐ. ܕܐܬܬܘܣܦ ܗܘܐ ܠܡܠܟܗ. ܘܫܡܥ ܗܘܐ ܐܦܐ
ܠܟܠܗܘܢ ܕܡܗܘܐ ܡܠܟܝܗ ܐܦܣܩܘܦܐ ܥܠܝ ܒܐܘܪܫܠܡ.
ܐܦ ܗܠܝܢ ܡܫܬܥܝܢ ܘܡܢܗܘܢ ܡܘܪܫܫܝܢ. ܘܥܠܝ ܒܬܪ
ܕܐܬܬܚܙܝ ܗܠܝܢ. ܟܘܢ ܗܘ ܡܠܟܘܬܐ ܡܠܝܐ (fol. 22 vers.)
ܕܡܠܟܐ ܗܘܐ ܗܫܬܡܠܝܐ ܚܘܪܙܐܒܢ ܘܡܠܟܪܙܐ ܗܘܐ
ܒܝܬܐ ܗܘܐ ܕܩܠܐ ܒܝܬܐ. ܐܬܬܒܥ ܠܗ ܥܠ ܟܘܦ

ܠܡܫܡܫܘ ܐܦ ܠܒ̈ܢܝܐ ܕܝܠܗ ܕܐܬܚܫܒ ܗܘܐ ܥܠ ܡܪܕܘܬܐ ܀ ܘܡܢܗ ܐܬܟܢܝ ܠܟܘܪܣܝܐ ܦܛܪܝܪܟܘܬܐ ܕܐܢܛܝܘܟܝܐ ܗܘܐ ܒܫܢܬܗ ܡܢ ܦܘܡܐ ܫܘܒܚܐ ܘܐܡܪܝܢ ܠܗ. ܗܢܐ ܕܐܬܠܡܠܡ ܦܪܝܫ. ܒܟܠ ܡܕܡ ܕܩܫܝܐ. ܢܫܡܐ ܐܢܐ ܕܐܦ ܠܒ̈ܢܝܐ ܕܝܠܝ ܕܐܬܚܫܒܘ ܒܐܬܪܘܗܝ ܘܒܬܪ̈ܟܘܗܝ ܦܪܝܫܐ ܐܢܐ ܕܐܣܝܐ. ܘܠܐ ܡܟܝܠ ܐܢܐ ܘܠܐ ܡܛܠ ܠܗ ܠܟܢ ܠܒܢܝܐ ܕܐܦ ܗܕܐ ܡܠܟܘܬ ܢܨܠܐ ܠܗ ܡܟܡܣܐ. ܐܠܐ ܐܝܟ ܕܠܐ ܘܡܬܡܨܝܢܐ ܐܢܐ ܕܡܬܚܙܐ ܠܡ ܡܢܝ ܐܦ ܗܕܐ. ܘܡܛܠ ܗܕܐ ܢܬܟܢܫ ܥܡ ܥܡܠܐ ܘܐܝܬ ܠܟܘܪܣܝܐ ܗܢ ܕܐܬܟܢ ܥܡ ܩܫܝܐ ܠܟܠ ܐܢܫ ܦܪ̈ܝܫܐ ܘܡܬܡܨܝܢܐ ܘܩܪܐ ܗܘܐ ܐܝܕܘܟܐ ܗܢ ܕܗܘܐ ܡܢ ܐܬܟܢܫ ܩܫܝܐ. ܘܕܐܬܟܢܐ ܐܝܟ ܡܟܠܐ. ܘܡܢ ܐܝܟܐ ܐܝܠܐ ܠܡܠܘܗܝ ܠܡܫܡܫܘ ܡܢ ܦܪܘܩ ܗܕܐ ܠܟܠ ܚܝܠܗ ܘܦܪܫܐ ܠܟܐ ܠܗܢܐ ܘܐܡܪ ܡܕܝܢܐ ܐܢܐ ܠܡ ܡܢܗ ܕܦܪܘܫܘܬ ܡܢ ܠܐ ܡܬܟܠܐ ܕܫܘܕܥܐ. ܘܡܛܠ ܐܢܐ ܢܘܨܐ ܠܐܡܠܝܢ ܕܗܡܝܢܘ ܥܡ. ܘܠܟܠ ܕܟܠܡܕܡ ܕܢܗܡܝܢܘܗܝ ܥܡ. ܘܐܝܢ ܗܕܐ ܦܪ̈ܟܘܬܗ ܘܡܬܚܫܒܐ ܗܘܐ ܕܢܣܒ ܐܟܐ ܐܝܟ ܕܣܓܐ ܗܕܐ ܡܢ ܐܬܟܢܫ ܩܫܝܐ ܕܙܟܘܬܐ ܘܫܘܒܚܐ ܕܙܟܘܬܗ ܡܢ ܐܒܪܝ ܐܡܪܝܢ ܐܝܟ ܐܟܐ ܐܝܟ ܗܢ ܦܪܘܫܘܬ ܗܘܐ. ܐܦܢܐ ܕܣܐܦܘܗܝ ܡܢ ܡܢ ܡܟܝܟܝܢ ܚܠܝ. ܦܪܫܐ ܪܒܐ ܕܩܫܝܐ ܡܟܪܡܐ ܡܢ ܡܟܝܠ ܡܢ ܡܫܟܚܐ ܐܪܟܝܢ ܗܕܐ ܥܠ ܦܪܘܫܘܬ ܗܢ ܕܢܣܒܐ ܐܝܟ ܕܠܝܠܐ ܗܘܐ (fol. 23 rect.) ܠܟܘܗܪܗ ܕܡܟܝܟܘܬܗ. ܘܐܬܚܙܝܘ ܗܘܐ ܒܪ̈ܝܐ ܕܝܠܗ ܡܢ ܫܡܗ ܐܢܫܐ ܦܪܘܫܘܬܐ ܕܕܗܒܐ ܢܫܐ ܕܡܟܢܫ. ܐܝܟ ܕܥܟܠܬ ܕܣܒܪܐ ܗܡܟܝܢ ܘܐܡܪ. ܕܗܢܐ ܡܬܟܪܝܢ ܚܠܝ ܕܫܡܘܢ ܕܐܬܪܚܩ ܗܘܘ ܠܗܐ. ܘܡܛܠ ܗܢܝ ܗܢ ܢܘܨܐ ܦܛܪܝܪܟܘܬܐ ܐܣܩܘܦܐ ܠܗܘܢ ܠܒ̈ܢܝܐ ܘܐܩܝܡܬ. ܡܫܪܝ ܗܢܝ ܠܡܬܡܨܝܢܘܬܐ ܗܟܢܐ. ܘܡܢ ܣܓܝ ܗܢܝ ܦܪܘܫ

ܩܕܡܝܗܘܢ ܘܫܦܝܪ. ܘܟܕ ܡܠܟܐ ܗܝܡܢܘܬܐ ܚܣܝܢܬ
ܠܡܫܝܚܐ ܡܪܢ. ܘܡܬܬܣܝܡܐ ܗܘܬ ܕܡܠܟܐ ܬܚܝܬ ܡܠܟܘܗܝ
ܐܪ̈ܥܐ ܗܠܝܢ. ܘܡܫܝܚܘܬܐ ܕܪܘܚܐ ܕܩܘܕܫܐ ܐܠܗܝܬ ܠܘܬ
ܦܠܚܘܗܝ ܐܝܟ ܕܥܠ ܩܕܡܝܢ. ܘܐܪܡܝܬ ܒܪܚܡܘܗܝ ܕܡܠܟܐ
ܡܢܗܘܢ ܓ ܥܡܬܐ ܕܡܗܘܐ ܠܩܘܪܒܐ ܝܘܡܐ ܠܒܪ̈ܐ ܕܐܬܝܢ.
ܘܟܕ ܕܢܝܚܐ ܥܠ ܩܕܡ ܐܝܠܐ ܐܬܠܒܫ ܗܘܐ ܡܬܬܦܢܝܐ ܗܘܬ
ܕܡܠܟܐ ܘܫܘܦܪ ܐܬܬܬ ܠܩܪܒܐ ܚܕ ܡܬܗܝܡܢܐ ܘܐܬܩܢܐ
ܥܡܡܐ ܕܡܫܝܚܝܝܢ ܗܘܘ ܒܠܒܗܘܢ ܫܪ̈ܝܪܐ. ܘܐܡܪܝܢ ܠܗ.
ܒܩܕܝܫܐ ܘܦܠܚܐ ܛܒ. ܘܐܪܐ ܕܡܠܟܐ ܫܠܘܡ. ܘܫܒܩ ܗܠܝܢ
ܐܪ̈ܥܐ ܘܡܠܟ ܡܢܗܘܢ ܩܘ̈ܪܐ ܠܫܘܫܐ ܕܡܠܟܐ ܕܢܗܘܐ ܠܗ
ܣܠܩ ܐܝܟܐ ܕܠܐ ܡܢܕܥܐ ܠܘܡܕܐ ܡܢܗܘܢ ܒܟܠܗܘܢ ܟܣܘܣܐ.
ܡܟܝܠ ܕܫܘܕܥܬܐ ܡܢܚܬܐ ܕܡܠܟܐ ܗܕ. ܘܥܡܐ ܣܠܩ ܡܪܕܐ
ܢܗܘܐ ܠܗ. ܕܡܠܟܐ ܕܚܣܝܢܐ ܒܩܪܒܐ ܢܦܩܐ ܬܬܡܠܟ ܕܐܡܪ
ܕܢܗܘܐ ܒܡܘܕܝܐ ܗܘ. ܕܫܘܕܥܬܐ ܕܫܘܫܐ ܡܘܕܝܐ ܗܘ ܠܡܪܢܐ
ܠܬܡܪܐ. ܘܗܟܢ ܗܕܐ ܫܘܒܚܬܐ ܐܘܪܚܬ ܗܡܠܟܘܬܗ ܕܡܪܢ
ܒܐܪܡܠܟܐ. ܘܟܕ ܡܬܟܠܬ ܗܠܝܢ ܡܠܗܝܢ. ܒܪܝܟܬܗ
ܙܕܩܐ ܫܪܝܪܐ ܟܠ ܟܡܐ ܕܡܗ̈ܕܝܐ ܐܝܩܪܬ ܘܫܦܝܪ ܗܘܬ
ܕܠܬܪ̈ܝܗܘܢ ܡܠܟ ܡܗܘܪ ܘܢܨܝܚܘܬܐ (f. 28 vers.) ܦܩܬܐ
ܠܐܘܣܛܘܣ ܡܘܪܝܩܘܣ ܡܠܟ ܠܗܘܢ ܐܬܩܘܡ. ܐܝܟܢܐ ܕܐܦ
ܠܡܡܪܝܬܐ ܕܠܐ ܕܐ ܫܠܡܘܬܗ ܦܪܘܩ ܗܘܐ. ܘܟܠ ܒܐܦ
ܘܒܗܪܝܗ ܡܟܐܫ ܗܘܐ. ܡܠܟܬܐ ܕܝܢ ܡܗܘܝܬܐ ܫܘܒܚܬܐ
ܒܐܪܡܠܟܐ ܡܘܬܒ ܡܘܣܒ ܠܐܘܣܛܘܣ ܠܚܘܪ̈ܢܐ
ܕܝ̈ܫܡܥܐ. ܘܒܐܝܡܪܐ ܦܐ ܘܡܫܠܡܐ ܠܗܝܢ. ܘܫܡܥܝܢ
ܠܡܠܟܘܬܗ ܐܝܟܢ ܕܡܬܗܝܡܢܝܢ ܒܡܫܝܚܐ ܠܩܪ̈ܒܐ ܡܬܐ̈ܡܐ
ܕܠܒܪܘܢ ܒܗܘܕܝܐ ܕܡܫܝܚܘܬܗ ܕܐܝܡܢܐ. ܟܠ ܡܢܐ ܒܡܢܐ

ܟܡܐ ܕܚܣܝܢ. ܘܟܠܗܘܢ ܐܟܚܕܐ ܕܡܫܒܚܝܢ ܠܗ ܠܥܠܡܐ
ܘܡܘܕܝܢ ܠܗ. ܐܝܟ ܕܗܘܐ ܠܗܘܢ ܡܛܠܬܐ ܠܘܬ ܡܪܝܡܐ ܬܫܒܘܚܬܐ
ܡܢ ܗܫܐ ܘܠܥܠܡ ܥܠܡܝܢ ܐܡܝܢ܀ ܫܠܡܬ .ܘ.ܘ.ܘ.
ܘܫܠܡܬ ܬܫܥܝܬܐ ܕܐܡܝܪܐ ܐܡܝܢ ܥܠ ܡܪܝ ܫܡܥܘܢ ܕܟܐܦܐ
ܕܥܠ ܦܣܝ ܕܐܬܡܗܝܡܢ ܫܠܝܚܐ ܕܥܠܡܐ
ܘܬܫܒܘܚܬܐ ܠܐܠܗܐ ܡܫܒܚܐ ܡܠܟܐ ܪܒܐ܀

A [= Bodl. Libr. Ms. Marsh 13]. 1/2 ܠܡܫܝܚܐ ܠܘܬ
ܐܝܟ ܕܩܕܡܘܗܝ ܕܐܠܗܘܬܗ ܡܫܝܚܐ ܕܟܠ 3/4 om ܒܪܘܚܐ usque
ܘܡܫܬܒܚ 4 ܦܠܚܘܬܐ | ܡܠܦܢ 8 ܒܫܘܠܡܐ ܡܫܪܝܢ ܗܘܐ
ܘܐܪܒܥܗ (cf. D) 10 ܠܐܘܪܫܠܡ ܢܘܒ ܡܢ ܐܘ̈ 13 ܠܡܢ
ܐܦܣܩܘܣ̈ 13/14 ܗܘܐ ܕܚܝܠ 14 om ܘܡܬܕܒܪܢܐ 16 om
ܗܘ | ܗܘܪܘܕܣ 17 ܢܦܫܐ̈ add. ܚܣܝܪܘܬܐ 19 ܕܢܗܘܐ 23 om
ܕܡ 24 .ܐܠܗܘܢ | ܠܗܘܢ 28 ܢܬܚܙܐ pro ܢܬܚܙܐ 29 ܡܠܟܘܬܐ
pro ܗܕܐ ܡܠܟܘܬܐ 32 ܩܕܡ 38 ܘܠܐ 42/43 ܗܢܐ. ܘܟܡ
ܘܐܦܢ ܒܟܠܗ ܠܟܢܘܫܝܐ. ܢܫܡܥܘܢ ܗܘ ܕܝ ܘܫܡܥܘ ܘܦܫܛ
45 ܦܢܝܚܝܢ | ܘܐܬܪܢܝܢ 46 ܥܠܝܗܘܢ pro ܒܠܚܘܕܝܗܝ 49 ܐܦܢܝ
ܗܠܝܢ 50 ܫܒܩܢ 51 ܗܠܝܢ 55 ܕܠܐ 57 .ܗܘ ܕܐܝܬ
60 ܘܫܡܥܐ ܗܠܝܢ 62 om ܗܘ ܐܠܗܐ 67 ܘܠܘܬ 69 om
ܕܟܠ ܒܡܕܝܢܬܐ ܘܟܠ ܡܕܝܢܬܐ 73 ܗܘ ܡܫܝܚܐ 70 ܒܡܠܟܐ
78 ܠܟܢܘܫܬܐ pro ܠܟܢܘܫܬܐ 79 ܗܟܢ | ܐܠܗܘܬܐ 80 ܕܐܬܚܙܝ
80 (ܕܡ ܠܘܬ rubric.) | ܐܢܘܢܣ 81 om ܗܘܐ 86 ܒܚܝܠܐ)
suppletum in marg., neglectum a Loftus) 89 ܡܢܗ i. m.
91 ܗܘܘ i. m. 94 ܐܝܣܛܘܣ 96 ܡܩܡܝ 97 ܦܢܛܘܣ
99 ܡܩܕܘܢܝܐ 101 ܛܘܪܐ ܀ | ܬܘܬܢܐ ܀ 102/3 ܫܡܥܘܢ ܀
ܥܡ ܒܢܝ ܐܬܪܐ ܘܟܢܫܐ ܀ ܐܦܢܝܢ ܀ ܠܟܠ 105 ܡܛܠ 106 ܡܢܗ ܚܝܠ
pro ܚܝܠ 109 ܕܢܫܡܥܘܢ 111 om ܫܡܝܐ 116 ܡܠܟܘܬܐ
122 ܡܩܕܘܢܝܐ (ܘܒܗܘܢ in rasura) 123 ܗܘܘ ܘܐܬܚܙܝ (corr.
del. vid. ܗܘܘ; ultima litera prioris verbi incerta 124 ܒܫܘܡܠܝ
i. m. 125 ܡܢܗܘܢ supra lin. 129 om. ܒܗ 130 ܚܝܠ
133 ܐܬܐ ܗܘ ܗܕܐ 134 ܐܠܗܘܬܗ ante ܒܗ ponit 136 ܕܒܟܠܡܕܡ
140 ܗܠܝܢ 146 ܚܝܠ ܐܦ ܢܦܫ | ܘܡܢ ܗܘ ܚܝܠ 148 om
ܕܡܫܝܚܘܬܐ 153 ܘܐܦܢܝ | om ܡܠܟܘܬܐ 157 ܘܪܚܡܐ pro
ܘܪܚܡܐ 159 ܘܡܫܬܠܡܢܐ. ܫܡܥܐ 167 om ܗܘ 168 ܡܢܗܘܢ
169 ܕܠܐ 170 om ܐܠܐ | ܒܗ ܠܘܬ ܢܦܫܗ ܘܒܗ 172 om ܒܗ
173 ܒܗ ܦܓܪܗ ܘ 174 om ܘܡܢ usque ܠܗܘܢ 175/6 ܘܚܙܐ

ܕܐܘܪܝ | ܡܢܗܘܢ ܕܝܢ 192 ܘܡܫܝܚܐ | ܕܚܝܐ 186 ܠܟ i. m. usque
ܕܡܪܝܡ ܗܘ ܠܐܚܐ ܠܐܪܢܐ 196/7 ܕܢܟܣܬܐ ܐܠܝܫܘܥ ܕܐܬܐ 195
(ܐܝܟ) ܐܘܕܝܘ ܠܐܝܟ ܠܟܬܒܐ. 200 ܐܘ ܠܟܬܒܐ ܘܐܠܐ ܕܐܬܡܠܠ
ܗܘ ܡܫܐ ܠܐܪܡܝܐ 202 ܐܘ [i. m. ܠܟ] ܗܡܢܝܢ ܐܝܟ ܡܢ
| ܐܝܕܐ 209 ponit ܡܢ post ܡܫܡܠܐ 207 ܘܚܝܠܐ 204 ܟܬܒܐܝܢ
ܡܫܬܟܚܢ 216 ܕܐܠܗܐ 211 ܠܡܫܬܟܚܢ ܐܘܡܪ pro ܡܢܝܢ
¹vid | ܕܝܢ om 222 ܣܡܝܟܘܬܐ ܗܘ 221 ܐܝܟ ܡܫܝܚܐ 220
ܟܠܗ ܕܢܟܣܬܐ. ܡܢܐ ܢܗܘܐ ܠܡܠܘܬ ܠܗܘ 224 ܣܒܪܬܗ ²vid, ܣܒܪܬܗ
ܘܡܫܡܗ | ܘܐܡܪܝܢ om 229 ܗܘܘ om 228 ܡܫܝܚܢ 225
ante ܒܕ 235 ܡܥܢܝܐ ܡܢܝܢ 231/2 ܘܟܠܗ 231 ܡܫܗ 230
ܡܫܡܠܐ om 237 ut Loftus ,ܢܟܣܐ additus, non ante ܟܬܒܐ
ܕܐܘܪܝܐ ܐܡܪ ܕܢܗ ܟܬܒܐ ܘܐܣܗ 241/2 ܘܐܣܝܐ 241 ܠܟܢ
ܕܐܡܪܬ 245 ܕܝܢ om | ܘܐܡܫܠܐ 243 ܒܪܢܫܐ ܕܡܫܡܫܝܢ
ܠܡܫܡܫܢܐ 258 ܕܡܫܡܫܢܘܬܐ 251 ܕܡܫܡܫܢܘܬܐ 247 ܘܡܫܡܫܢܐ
ܢܗܘܘܢ ܕܡܫܝܚ 265 ܕܐܠܐ ܠܗܘܐ ܘܠܐ ܐܡܪ ܠܟ ܗܢ 261/2 (sic)
om 276 ܘܐܬܟܠܠ ܕܢܦܠ ܠܟ | ܡܢ ܠܗ ܠܐ 270 ܕܢܟܣܬܐ 268
ܘܡܫܡܫܝܢ. ܘܐܡܪܘ ܕܗܘܝܘ ܕܢܦܠ ܕܠܟܠܡܫ܀ ܡܢ 278 ܐܘ
ܠܡܫܡܫ) 287 ܟܠ ܕܐܝܬܘܗܝ ܐܝܟ. ܡܢ 285
ܠܡܫܡܫܢܘܬܐ ܗܘ ܠܐܚܪܢܐ. ܡܢ 288 ex corr.)
ܡܫܡܠܐ ܗܘܐ 300 ܕܝܢ ܡܢ 294 ܘܡܫܝܚ 291 ܡܩܡܫܝܢ 289
ܐܘܗ 305 ܠܡܫܡܫܢܘܬܐ | i. m. ܠܟ 304 ܕܝܢ ܡܢ ܕܢܟܣܬܐ ܡܩܝܡ
ܕܐܝܬ 309 ܗܘܐ ¹vid | ܠܟܬܒܐ pro ܠܟܬܒܐ 308 bis ܡܢܐ
ܕܟܬܒ deinde i. m. inf. et sup. ab alia manu ܗܘ ܡܢܗ 310
ܠܟ ܕܢܘܗܪܐ ܐܚܐ [ܐܟܬܒ ܡܠܟ incerta] ܕܗܘܐ ܡܢ ܡܫܟܚܐ
ܘܡܫܟܚܝܢ ܕܡܫܬܘܐ ܘܫܘܐ ܕܢ ܫܠܐ 312 ܘܡܫܟܚܝܢ ܕܝ 311
ܘܠܡܫܡܫܢܐ 318 ܐܠܗܐ om 314 ܘܢܦܠ ܕܢܦܠ. ܘܡܫܝܚ
ܡܫܬܟܚܢ 343/6 ܘܟܬܒܐ 341 ܡܢ ܐܚܐ ܕܐܬܥܠܡ 327 ܘܟܬܒܐ 325
ܠܡܫܡܫܢܐ ܕܟܠܗ ܡܫܡܠܐ ܕܢܟܣܬܐ ܡܢܗ ܐܚܐ ܕܐܡܫܝܚ. ܗܘ
ܠܐܚܐ ܘܟܬܒܐ [ras.] ܘܟܬܒܐ ܡܢܗ ܗܘܐ ܘܡܫܬܟܚܝܢ ܠܟܠܡܫ.
ܟܠܗ ܕܦܝܠ ܡܫܟܚܐ ܗܘܐ ܢܦܠܐ ܡܫܡܠܐ ܡܢܗ ܟܠܗ ܐܘܗܝ ܣܘܟܠ
ܕܟܬܒ.

III.

1) Mus. Brit. Add. 12,174.

49. Es folgt die Geschichte vom anbetungswürdigen Kreuze, wie es den Menschen zum ersten Mal geoffenbart und aufgewiesen wurde. Herr stärke meine Schwachheit!

Brüder und Freunde! Ptrvniqi die Frau des Claudius Caesar, den Tiberius zum zweiten im Kaiserreich gemacht: diese verleugnete, als Simon Kephas in Rom war und sie von ihm die Grossthaten und Wunder sah, die er that im Namen Jesu Christi, die Götzen ihrer Väter und [292a 1] die Bilder, die sie anbeteten und wurde gläubig an Christus unsern Herrn.

Und sie machte sich eifrig auf und gieng hinab nach Jerusalem und ihre zwei Söhne mit ihr und ihre jungfräuliche Tochter. Und Jerusalem gieng aus ihr entgegen und nahm sie mit grossen Ehren auf.

Jacobus aber war dort zum Bischof gemacht worden in der dort erbauten Kirche und zum Vorsteher und Leiter; und als er hörte, wesshalb die Kaiserin nach Jerusalem gekommen sei, ging er zu ihr in den Palast der Herodianer, wo sie Wohnung genommen hatte. Und als sie ihn sah, empfing sie ihn mit Freuden wie den Simon Kephas und er zeigte ihr Grossthaten und Wunder wie Simon. Und sie sprach zu ihm: „Zeige mir das Golgatha, wo Christus gekreuzigt wurde, und das Holz der Kreuzigung, an dem Christus von den Juden aufgehängt wurde, und das Grab, in das er gelegt war.“

Es sprach aber Jacobus zu ihr: „Diese drei Dinge, die

du sehen willst, sind unter der Hand der Juden und sie halten sie verwahrt, und erlauben uns nicht, hinzugehen, zu beten dort vor dem Grab und Golgatha und auch das Holz der Kreuzigung wollen sie uns nicht geben. Und nicht das nur; sondern gar sehr verfolgen sie uns, dass wir nicht anrufen den Namen Christi, und zu vielen Malen binden sie uns."

Und als sie dies Wort hörte, befahl sie und liess vor sich bringen Onias bar Ḥannan den Priester und Gedalja bar Qjfa und Juda bar Ebedschallum, das Haupt der Juden und sprach zu ihnen: „Übergebet Golgatha und das Grab und das Holz der Kreuzigung an Jacobus und die, welche mit ihm halten." Und hierauf ging sie zum Grab unseres Herrn und fand in ihm drei Kreuze, das eine unseres Herrn, und die zwei jener Übelthäter. Und in dem Augenblick, da sie in das Grab hineingieng und ihre Söhne mit ihr, fiel ihre jungfräuliche Tochter nieder und starb, ohne Schmerz und ohne Krankheit. Und als sie sah, dass ihre Tochter todt war, trat sie [col. b] hinzu und sprach in ihrem Gebet: Unser Herr Jesus Christus, der sich selbst für die Menschen dargegeben und gekreuzigt wurde an dieser Stätte und aus freiem Willen [wörtl.: wie er wollte] unseretwegen gestorben ist und begraben wurde und viele mit sich auferweckte: nicht mögen die Juden, die Kreuziger hören, dass ich ihre Bilder und ihre Religion [wörtl.: timores eorum, die Gegenstände ihrer Verehrung] verleugnet habe, und ihre Lust an mir haben, indem sie mich verspotten und sagen: dies, was sie getroffen, kam, weil sie die Götzen verleugnete, die sie angebetet hatte, und sich zu Christus bekannte. Du, Herr, erbarme dich wegen deines heiligen Namens, dass er nicht gelästert werde an dieser Stätte. Und als sie so gesprochen, trat ihr älterer Sohn herzu und sprach zu ihr: „Höre von mir, was ich vor deiner Majestät sage: Ich nemlich bin des Glaubens in meinem Herzen, dass dieser plötzliche Tod meiner Schwester nicht ohne Bedeutung ist, sondern wegen einer wunderbaren Sache, dass Gott darüber gepriesen werde. Siehe, wir traten in dieses Grab und fanden da drei Kreuze und wissen nicht, welches von ihnen dasjenige Kreuz ist, an welchem Christus gekreuzigt wurde, und ich glaube, dass wir durch den Tod meiner Schwester erfahren können, welches es ist.

Darauf erkannte die Königin, obwohl sie sehr betrübt war, im Augenblick, dass der Knabe (junge Mann) weise und recht gesprochen hatte, und sie nahm mit ihrer Hand eins von diesen Kreuzen und legte es auf den Leichnam ihrer Tochter und sprach in ihrem Gebet: „Christus Gott, der wunderbare Grossthaten an diesem Orte gezeigt hat, wenn dir dieses Kreuz gehört, zeige deine Macht und meine Tochter soll leben und dein Name gepriesen werden, und deine Verehrer sollen sich freuen, und zu Schanden werden deine Verstörer."[1]) Und als sie eine Stunde gewartet, nahm sie das andere Kreuz und legte es auf den Leichnam und betete wieder. Und als sie eine Stunde gewartet, nahm sie noch das dritte. Und als sie ihre Augen gen Himmel aufheben wollte, [292b] und von ihrem Herrn bitten, da ehe sie noch etwas gesprochen, mit dem dass das Holz an ihren Leichnam kam, wurde sie lebendig und stand plötzlich auf.

Die Königin aber, als sie das Wunder sah, das geschah, pries Gott und befahl, dass ein grosses und herrliches Gebäude über dem Grab und Golgatha gebaut werde und als Versammlungsort diene zum Gottesdienst. Das Volk der Juden aber, die im Anfang sich gefreut hatten, wurden nun umgekehrt traurig. Und es kam das Gerücht in ferne Gegenden und zu allen Aposteln die [dort] predigten.

Und als die Königin nach Rom zurückkehrte, erzählte sie vor dem Kaiser Claudius, was geschehen war, und er befahl, dass alle Juden Rom und das Land von Italien verlassen sollten.

Wieder aber und zwar in den Tagen Trajans des grau-

---

[1]) Offenbar beabsichtigter Gleichklang von ܡܫܒܚܢܝܟ und ܡܣܪܚܢܝܟ.

samen Kaisers befahl er, dass jeder der es mit der Lehre Christi halte, Strafe empfange. Und es erhob sich das Horn des Volks der Juden und sie fingen an das Volk der Christen zu martern, wie es ihre Väter den Propheten gemacht hatten und sie versammelten sich gegen den Bischof Simeon, der in Jerusalem [als solcher] eingesetzt war in der Kirche und legten die Hände an ihn und schmähten ihn, weil noch das Volk, das sich zu Christus bekannte, nicht zahlreich war.

Die Juden aber, die den Simeon marterten, nahmen von ihm das Holz des Kreuzes unseres Erlösers. Und Simeon war ein Sohn des Kleophas. Und die Juden beschlossen, es in [mitten] der Erde zu verbergen, damit die Christen Christum nicht mehr anbeten sollten. Und dieser Simeon war der zweite Bischof, der in der Kirche von Jerusalem aufstand. Und als Nikite [Nicetas] das Kreuz unseres Herrn genommen hatte, gab er es diesen Juden. Sie aber gruben in der Erde gegen 20 Ellen tief und verbargen es. Und es blieb in der Erde verborgen von der Zeit da es Ptrvniqi die Kaiserin dem Bischof Jacobus gegeben hatte, während der Tage des Lebens der 15 Bischöfe, die aufstanden.

Der erste dieser Jacobus, [col. 2.] der Bruder unseres Herrn. Simeon. Justus. Zachaeus. Tobias. Benjamin. Johannan. Matthäus. Philippus. Disniqos [? Eus. h. e. 4, 5]. Justus und andere; der letzte der fünfzehn war der Judas, in dessen Tagen das Kreuz zum zweiten Mal aus der Erde hervorstieg.

Folgt nun wie es die Kaiserin Helena fand die Mutter des siegreichen Kaisers Constantinus.

Im siebenten Jahr der Regierung des Constantinus, im Monat Januar, sammelten sich die Heere der Barbaren an den Ufern eines Flusses, der Dunabis heisst, hinüberzugehen und das ganze Gebiet des Kaisertums der Römer zu verwüsten. Und als die Heere der vielen Barbaren viel zahlreicher waren als Constantinus, gerieth er in Kampf und Bedrängniss. Und an dem Tag, an dessen Morgen sie den Kampf beginnen wollten, um die Mitte der Nacht, sah Constantinus das Licht des Kreuzes, wie es ein Engel des Lichts vom Himmel her hielt, und es erleuchtete die ganze Erde. Und daran war eine Sternenschrift, deren Lesung ihm anzeigte: In diesem Zeichen wirst du siegen. Er aber erwachte und fürchtete sich gar sehr und bedachte in seinem Sinn, welchem von den Göttern dieses Zeichen gehöre. Und er erzählte den Weisen seines Kaiserreichs das Gesicht das er gesehen und befahl, dass sie ein ähnliches Zeichen [wörtl.: (etwas) in der Gestalt dieses Zeichens] machen und dass es vor ihnen hergehe in den Kampf. Und sie machten es; und der Kampf wurde gewaltig an selbigem Tag und die Barbaren wurden zersprengt an jenem Tag und er brachte ihnen einen grossen Schlag bei, und die welche übrig blieben, warf er in Ketten.

Und alsbald versammelte er alle Priester und zeigte ihnen das Zeichen und fragte sie, welchem von den Göttern dieses Zeichen gehöre.

Sie aber antworteten ihm: „Herr Kaiser: dieses Zeichen gehört keinem von den irdischen Göttern die wir anbeten, sondern dem Heer des Gottes vom Himmel." Die Christen

[293.a.1] wurden aber in jener Zeit Nazarener genannt. Und sie traten zu dem Kaiser und sprachen zu ihm: „Herr Kaiser, dies Zeichen gehört Jesu Christo, dem Sohn des lebendigen Gottes. Und als er diese Worte hörte, schickte er hin und liess Eusebius, den Bischof von Rom, rufen und lernte von ihm über das Kommen unseres Herrn in die Welt, und seine Empfängniss und seine Geburt und seine Kreuzigung und seine Auferstehung und seine Auffahrt in den Himmel. Und der Kaiser wurde gläubig mit Freuden von ganzem Herzen und von ganzer Seele und stand auf und liess sich taufen, er und seine Mutter und sein ganzer Palast. Und dann veranlasste er seine Mutter und schickte sie mit dem Bischof Eusebius und einem grossen Heer von Römern (Soldaten) und befahl seiner Mutter mit Eifer, nach dem Holz des Kreuzes zu forschen und eine Kirche auf Golgatha zu bauen. Und von der Auferstehung unseres Herrn bis zu seiner zweiten Auffindung waren es 201 Jahre. Und im Monat August (Ab) zog die Kaiserin Helena aus nach Jerusalem zu gehen, am 28sten desselben, das Holz der Kreuzigung zu suchen, und die Seligkeit des Lebens der Welt nach ihr zu hinterlassen.

Sie zog aber in Jerusalem ein mit grossem Gepränge und befahl, dass sich alle Juden versammeln sollten, welche in der Umgegend von Jerusalem übrig geblieben waren. Jerusalem selbst war gänzlich verwüstet. Und als sich gegen 3000 Männer versammelt hatten, sprach die Kaiserin zu ihnen: „Ich habe die Überzeugung aus den Schriften der Propheten, dass ihr der Same der Gerechten seid und dass euch Gott mehr liebte als alle Völker und seinen Sohn, den Abglanz seiner Herrlichkeit und das Ebenbild seines Wesens zu euch sandte: und ihr habt ihn nicht erkannt, sondern habt das Licht für Finsterniss gehalten. Deswegen wählt mir aus eurer Mitte (Schrift)gelehrte und gesetzeskundige Männer, die mir auf alles Antwort geben können, was ich sie frage. [col. 2.] Sie giengen aber von ihr hinaus in grosser Furcht.

Und sie wählten aus ihrer Mitte weise und (schrift)-

gelehrte Leute gegen 2000, aus der Stadt und aus den Dörfern der Juden und kamen wieder zur Kaiserin und sprachen zu ihr: „Das sind die gewandtesten unter uns und die gesetzeskundigen."

Darauf sprach die Gläubige zu ihnen: „Könnt ihr mir anzeigen, was ich euch frage, dass ihr nicht von meiner Hand mit einander eines bösen Todes sterbet? Aber geht, wählt mir aus eurer Mitte diejenigen, die besonders bewandert im Gesetze sind." Sie giengen und wählten 1000 Männer. Und wieder sprach sie zu ihnen: „Ersehet mir diejenigen, welche weise sind unter euch." Und sie wählten 30 Männer.

Und als sie kamen, antwortete sie und sprach zu ihnen: „Habt ihr nicht gehört, dass Jesaja sagt: Ein Kind ist uns geboren und ein Sohn ist uns gegeben, er dessen Mutter einen Mann nicht erkannte. Und wiederum David sagt: Ich habe den Herrn vor mich gestellt alle Zeit. Und Jesaja wieder sagt über euch: Kinder habe ich gross gezogen und erhöht, und sie haben mich verschmäht. Es kennt der Ochse seine Krippe u. s. w. Und jetzt, wohlan, ihr werdet festgehalten von meiner Hand zwei Stunden: sehet zu, gebet mir Auskunft über das, was ich euch frage. Gefällt euch Söhnen Israels die Blindheit eurer Väter, die von Jesus sagen, er sei nicht Gott, während Gesetz und Propheten von ihm zeugen, dass er Gott ist, der über alles ist?"

Und es antworteten die Juden und sprachen: „Wir lesen das Gesetz und die Propheten: wir bitten, dass du uns anzeigst, ob welcher Ursache wir von dir gefragt werden, und wir wollen dir antworten." Da ermahnte sie sie wieder: „geht, wählt mir die Weisen, die unter euch sind, welche Weisheit verstehen."

Sie giengen hinaus von ihr mit Furcht und sprachen unter einander: was ist doch diese Bedrängniss, welche die Kaiserin über uns gebracht hat?

Einer von ihnen, Judas mit Namen, antwortete und sprach zu seinen Genossen: „diese Forderung, welche die Kaiserin da an uns richtet: wegen des Holzes des Kreuzes, an welchem Jesus aufgehängt und von unsern Vorfahren gekreuzigt wurde, ist es, was sie von uns fordert, und wenn ihr niemand darüber Auskunft geben wird, wird es mit der Lehre aus sein, welche unsere Väter uns überliefert haben. Zachaeus nemlich, der der ältere Bruder des Simeon, meines Vaters war, hat meinem Vater darüber Anweisung gegeben und auch mir hat mein Vater Anweisung gegeben als er starb, und zu mir gesagt: Du sollst wissen, mein Sohn, wenn die Zeit kommt, dass das Holz gesucht wird, an welchem Jesus gekreuzigt wurde, dann offenbare du es und gieb darüber Aufschluss, damit sie dich nicht umbringen, weil es dann mit dem Reich der Hebräer aus sein wird und darnach das Reich derer stark werden wird, welche den anbeten, der am Holz gekreuzigt wurde; und das wird in Ewigkeit regieren."

„Ich aber sprach zu meinem Vater: Und da ihr demnach wusstet, dass er Christus (der Messias) ist: warum haben unsre Väter die Hand an ihn gelegt und ihn gekreuzigt? Er sprach zu mir: Du sollst wissen, mein Sohn, dass mein Wort keineswegs mit ihrem übereinstimmte, sondern immer trat ich denen entgegen, die nicht an ihn glaubten: Und als sie ihn kreuzigten, und herabnahmen und ins Grab legten, stand er am dritten Tage wieder auf und zeigte sich seinen Jüngern. Und desshalb glaubte an ihn Stephanus der Bruder meines Vaters und fing an, die Juden zu lehren im Namen Jesu. Und desshalb machten sie einen betrügerischen Process und verurtheilten ihn, dass er gesteinigt würde. Und er breitete seine Hände gen Himmel und sprach: (Unser) Herr, nimm meinen Geist auf und rechne ihnen diese Sünde nicht zu. Und diese Worte befahl mir mein Vater, welche ihm sein älterer Bruder Zachäus gesagt hatte. Und dieser Zachäus war Nicodemus, der in der Nacht zu Jesus gekommen war, Stephanus aber war sein Bruder. Und siehe alles habe ich vor euch erzählt und wenn die Kaiserin [col. 2] uns fragt, was wollt ihr ihr sagen?" Sie sprachen aber zu ihm: „Diese Worte, die du uns sagst, haben wir nie gehört, ausser von dir. Und wenn die Nachforschung deswegen stattfindet, so weisst du es besser als wir alle und auch über seinen Ort bist du unterrichtet."

Und als sie dies mit einander redeten, kamen die Soldaten nach ihnen und sagten: „Auf! kommt! denn die Kaiserin verlangt euch."

Und als sie kamen und vor ihr standen, fragte sie sie über vieles; aber eine Wahrheit sagten sie ihr nicht, und desswegen befahl sie, dass sie in's brennende Feuer geworfen würden. Sie aber griffen in ihrer Angst den Judas und brachten ihn vor sie und sagten: „Dieser Mann ist [war] ein Prophet und ein Gerechter und mehr bewandert im Gesetz als wir und eben dieser kann dir über alles was du wünschest, Auskunft und Bescheid ertheilen, indem wir alle über ihn solch Zeugniss geben."

Da befahl sie, dass sie alle entlassen und Judas allein da behalten würde. Und die Kaiserin sagte zu ihm: „Dir ist vorgelegt Tod und Leben; wähle dir, welches von beiden du willst."

Judas aber sprach: „Welcher Mensch, dem Brot vorgelegt ist, würde einen Stein nehmen zu essen statt dessen." Die Kaiserin aber sprach zu ihm: „Wenn du also leben willst im Himmel und auf Erden, sag mir: wo habt ihr das Kreuz Christi verborgen?"

Judas sprach: „Wie Denkwürdigkeiten beweisen, trug sich diese Geschichte vor rund (mehr weniger) 200 Jahren zu, und wir sind Jünglinge heute, wie können wir es wissen?"

Die Kaiserin sprach zu ihm: „Siehe du hast vor mir gestanden, dass ihr Bücher und Denkwürdigkeiten dieser Geschichten habt."

Judas sprach: „Ohne meinen Verstand habe ich vor Deiner Majestät geredet: und diese Geschichte wird aus Büchern erkannt werden können, aber [wörtl.: und] wir haben keine Bücher der Geschichten.

Die Kaiserin sprach: „Wir haben das Wort [294, a, 1.] der Wahrheit im Evangelium, das genau zeigt, wo er gekreuzigt wurde. Nur den Ort, der Golgatha heisst zeige mir und ich in meiner Machtvollkommenheit will befehlen, diesen Ort aufzudecken und ich bin voll Vertrauen, dass ich meine Sehnsucht finden werde, in der ich befriedigt sein werde."

Judas sprach: „Auch diesen Ort weiss ich nicht."

Die Kaiserin sprach zu ihm: „Du sollst wissen, dass wenn du mir nicht die Wahrheit offenbarst und kund thust, ich durch die Qual des Hungers und des Durstes das Leben dir nehmen werde."

Da befahl sie, dass man ihn in eine trockene Grube werfe und sieben Tage drin bewahre, ohne dass man ihm etwas zu essen gebe.

Darauf nach diesen 7 Tagen schrie Judas mit lauter Stimme und sprach: „Bringt mich herauf aus dieser Grube und ich will euch den Ort des Kreuzes Jesu Christi zeigen."

Da befahl die Kaiserin und man brachte ihn herauf. Und er gieng an den Ort, ohne dass er wirklich (genau) über ihn unterrichtet war. Und Juda erhob seine Stimme in hebräischer Sprache und sagte: „Gott, der durch seinen Wink Himmel und Erde gemacht hat, wenn du willst, dass Jesus der Sohn der Maria herrsche, gieb uns dies Zeichen, wie du den Mose deinen Knecht erhört und ihm die Gebeine Josephs gezeigt hast. Zeige auch uns diesen verborgenen Schatz und mache, dass von diesem Ort ein Duft lieblichen Geruches aufsteige, dass auch ich an das Kreuz deines Gesalbten glaube."

Und als Judas betete, geschah plötzlich ein Donnern an selbigem Ort und ein starker Duft von Wohlgerüchen strömte nach allen Seiten von ihm aus.

Den Judas aber ergriff grosses Erstaunen und seine Hände schlotterten eine an die andere und er rief und sprach: „Fürwahr du bist Christus, der Erlöser der Welt. Ich bitte dich Christus: würdige [col. 2] auch mich und geselle mich und bringe mich zu Stephanus deinem Geliebten."

Und als Judas das gesprochen, nahm er ein Eisen,

und stärkte sich wie Abraham[1]) und fieng an zu graben. Darauf kamen zu seiner Hilfe, die von der Kaiserin gesandt waren. Und als sie ungefähr 20 Ellen hinabgekommen waren, fanden sie die 3 Kreuze, die verborgen gewesen. Und Judas nahm sie und brachte sie zu der gläubigen Kaiserin.

Da sprach sie: „Welches von ihnen ist das Kreuz unseres Herrn?" Er sprach: „Ich weiss es nicht." Da legte sie dieselben in die Mitte der Stadt, indem sie wartete, an ihnen die Herrlichkeit Gottes zu sehen. Und um die neunte Stunde selbigen Tages, siehe ein todter Jüngling, den sie auf der Bahre trugen und eben begraben wollten. Und als er es sah, zur Stunde freute er sich und sprach zur Kaiserin: „Nun, meine Herrin, sollst du die Kraft des Kreuzes sehen und die in ihm verborgene Herrlichkeit." Da stellten sie die Bahre nieder und er nahm eins von den Kreuzen und legte es über die Bahre. Und als das dritte Kreuz daran kam, dass es auf den Leichnam gelegt wurde, zur Stunde stand der Jüngling auf. Da schrie der Satan, der Feind, und sprach: „Wer ist der, der mich die Seelen nicht davontragen lässt, die mir gehören: wehe dir, Jesus von Nazareth, dass du auch dein Kreuz, das verborgen gewesen, gegen mich [wieder] ans Licht gebracht. Weh über dich, Judas! Was ist das, was du mir gethan! Vorher, durch einen Judas hab ich das Volk sündigen gemacht: und jetzt durch deine Hand, Judas, siehe werd ich vertrieben von hier. Ich weiss, was ich dir thun will. Sieh, ein anderer König kommt auf, der das Kreuz[2]) verlassen und meine Worte erfüllen und ausführen wird und dann wirst du infolge bittrer Martern den Gekreuzigten verleugnen."

Da wurde Judas stark im Heiligen Geist und sprach: „Christus Gott der den Todten belebt, verurtheile dich in die unterste Tiefe des brennenden Feuers." Und als die

---

[1]) Worauf spielt das an? auf Gen. 22,10?

[2]) oder den „Gekreuzigten," da im Syrischen beide Wörter ein und dieselbe Form haben.

Kaiserin es hörte, verwunderte sie sich über die Kraft Gottes und den wahren Glauben des Judas. Und mit Vorsicht gab sie Befehl in betreff des Holzes der Kreuzigung und liess ein Kästchen von Silber für dasselbe machen und legte es hinein und stiftete es in die Kirche, die auf Golgatha gebaut wurde. Und sie rief Eusebius, den Bischof von Rom und der gab dem Judas das Zeichen der Taufe und nannte seinen Namen von der Taufe an Cyriacus und legte ihm die Hand des Bisthums auf und setzte ihn ein in der Stadt Jerusalem. Und darauf befahl die Kaiserin Helena, dass die Juden, welche an Christus nicht glaubten, verfolgt werden sollten. Und so wurden in jener Zeit die Juden von Jerusalem verfolgt (vertrieben).

Wiederum war es dem Cyriacus ein grosses Anliegen wegen der Nägel und er betete zu Gott und es erschien ihm ein herrliches Zeichen wie ein Blitz über der Stelle des Kreuzes und er näherte sich mit Furcht und nahm sie und brachte sie der gläubigen Kaiserin. Und sie dachte in ihrem Sinn, aus ihnen ein Kunstwerk für die Waffenrüstung des Kaisers zu machen und über den Zügel seines Pferdes. Und sie schickte und liess einen weisen Künstler kommen, der ein gutes Zeugniss hatte, und sprach zu ihm: nimm diese Nägel und mache ein Siegel über die Rüstung des Kaisers und über den Zügel seines Pferdes, dass es ein Schutz für den Kaiser sei. Es muss nun erfüllt werden, was geschrieben ist in dem Propheten (Sach. 14,20): Es soll sein in jener Zeit über dem Zügel der Pferde Heiligkeit dem Herrn der Heerscharen.

Darauf regierte die gläubige Kaiserin Helena in Jerusalem und befahl, dass die Gedächtnissfeier des Kreuzes am 14. September (Ilul) stattfinde.

Zu Ende ist die Geschichte über die Auffindung des anbetungswürdigen Kreuzes. Mit den Lehrern und rechtgläubigen Bischöfen und Vorstehern der Kirche und den heiligen Vätern, den vollkommenen Einsiedlern u. s. w.

---

2) Cod. Paris. 234, Bl. 293 r. 1.

Folgt die Geschichte der Prtvniqi, der Frau des Claudius Cäsar.

Meine Freunde! Prvtvniqi die Frau des Claudius Cäsar, welchen Tiberius Cäsar zum zweiten im Kaiserreich machte, als er auszog mit den Spaniern zu kämpfen, die sich gegen ihn empörten: eben diese Frau, verleugnete als Simon, das Haupt der Apostel in Rom war, das Heidenthum, das an Götzen [glaubt] und glaubte von ganzem Herzen an Christus den Sohn des lebendigen Gottes. Und sie hielt den Simon in grossen Ehren und wollte nach Jerusalem gehen und die heiligen Stätten sehen. Und sie ging von Rom weg, sie und ihre zwei Söhne und ihre jungfräuliche Tochter. Und als sie Jerusalem sich näherte, ging die ganze Stadt ihr entgegen und empfing sie mit grosser Ehre. Jakobus aber, der Bruder des Herrn, hatte die Kirche in Jerusalem erhalten. Und als er erfuhr,[1]) wesshalb sie kam, ging er zu ihr, wo sie Wohnung genommen hatte und als sie ihn sah, empfing sie ihn mit Freude wie den Simon. Und er zeigte ihr ebenfalls Grossthaten und Zeichen und Heilungen wie Simon. Sie aber sprach zu ihm: „Zeige mir Golgatha und das Grab und das Holz, an dem Christus gekreuzigt wurde.“ Es antwortete Jacobus und sprach zu ihr: „Diese drei Sachen, die deine Majestät sehen will, haben die Juden und sie erlauben uns nicht hinzugehen, dort zu beten. Und nicht das nur: sondern sie hindern uns, dass wir nicht predigen sollten den

---

1) cod. ܐܘܪܫ?

Namen Christi, und oftmals werfen sie uns ins Gefängniss." Und als sie dies hörte, befahl sie sogleich dem Onias bar Hannan dem Priester und Gedalja bar Qjpha und Judas bar Ebedschallum, den Häuptern und Vorstehern der Juden und sprach zu ihnen: „Übergebet Golgatha und das Grab und das Holz des Kreuzes dem Jacobus und denen die mit ihm halten. Und nicht hindere sie jemand dort zu beten, nach der Gewohnheit ihres Dienstes." Und als sie ihnen dies befohlen, stand sie sogleich auf hinzugehen, die heiligen Orte zu sehen und übergab sie dem Jacobus und denen die mit ihm. Und als sie in das Grab eintrat, fand sie in demselben die drei Kreuze, das eine unseres Herrn und die zwei der Übelthäter, die mit ihm gekreuzigt wurden. Und als sie im Grab stand, sie und ihre Söhne, fiel ihre Tochter mitten ins Grab nieder und starb ohne Schmerz und ohne Krankheit. Und als die Kaiserin sah, dass ihre Tochter plötzlich starb, kniete sie nieder und betete inmitten des Grabes und sprach: „Christus, der sich selbst in den Tod gegeben hat für alle Menschen und gekreuzigt und begraben wurde an diesem Orte und auferstand durch die Kraft seiner Gottheit und viele mit ihm auferweckte: nicht sollen hören, Herr, die Juden und Heiden, dass ich ihre Bilder verleugnete und an mir ihre Lust haben und sprechen: weil sie die Götter verleugnete und sich zu Christus bekannte, geschah ihr so. Ich weiss, Herr, dass ich nicht werth bin, dass ich erhört werde, weil ich die Geschöpfe statt deiner anbetete; aber du, erbarme dich wegen deines Namens, dass er nicht gelästert werde." Und als sie solches in Thränen und Schmerz gesprochen hatte, vor den Mengen, die sie umgaben, näherte sich ihr grösserer Sohn und sprach zu ihr, furchtsam: „Höre, Herrin, was ich sage vor deiner Majestät. Dieser Tod meiner Schwester, dieser plötzliche an diesem Ort geschah nicht umsonst, sondern dass Gott dadurch gepriesen, und nicht dadurch gelästert werde. Siehe, wir haben in diesem Grab drei Kreuze gefunden, und wissen nicht, welches von ihnen das Kreuz Christi ist." Da verstand Prvtvniqi, obgleich sie betrübt war, dass recht und richtig ihr Sohn zu ihr gesprochen hatte. Und sie nahm mit ihren Händen eins von diesen Kreuzen und legte es auf den Leichnam ihrer Tochter und sprach: „Christus, der wunderbare Grossthaten an diesem Orte gezeigt hat, wie wir gehört und geglaubt haben: wenn dir Herr, dieses Kreuz gehört, an dem deine Menschheit von den Frevlern aufgehängt wurde, zeige die Kraft deiner Gottheit in dieser Zeit und diese meine Tochter soll leben und aufstehen und die Anbeter sollen sich freuen und beschämt sein die Kreuziger.“ Und sie wartete eine Länge: dann nahm und legte sie das andere auf und sprach: „Gott, durch dessen Wink alle Geschöpfe bestehen und der sein Wohlgefallen hat am Leben aller Menschen, dass sie sich zu ihm bekehren und sich nicht abwendet von dem Gebet derer die ihn anrufen; wenn dir, Herr, dieses Kreuz gehört, zeige deine Kraft wie du pflegst und diese meine Tochter soll leben und aufstehen und schämen müssen sich die Heiden, welche die Götzen anbeten, und öffnen soll sich der Mund der Gläubigen zu deinem Preis.“ Und als sie gewartet, hob und nahm sie das dritte und legte es auf ihre Tochter. Und als sie ihren Mund öffnen wollte im Gebet, plötzlich, wie in einem Augenblick, wurde ihre Tochter lebendig und stand auf, indem sie den pries, der sie durch sein Kreuz lebendig gemacht hatte. Prvtvniqi aber, indem sie sich freute und jubelte, sprach: „Wenn dieses Wunder nicht geschehen wäre, hätte es sich getroffen, dass wir das Kreuz Christi [liegen] gelassen hätten, durch das meine Tochter lebendig wurde, und würden eines von denen der Übelthäter ehren. Jetzt sind wir nun vergewissert, dass an diesem Kreuz von Holz nach seinem Willen der Erlöser des Alls gekreuzigt wurde.“ Und sie gab uns Christi Kreuz von Holz, dem Jacobus, dass es mit grosser Ehre aufbewahrt würde und befahl, dass ein grosses und erhabenes Gebäude über Golgatha und über dem Grab erbaut würde zur Ehre dieser heiligen Stätten. Und als die Kaiserin sah, dass sich dort die ganze Stadt versammelte, befahl sie dass ihre Tochter ohne Schleier vor ihr hergehen sollte, damit sie von jedermann gesehen würde und jeder Gott preise. Die Juden aber und Heiden, die sich am Anfang der Sache gefreut hatten, wurden traurig bei ihrem Ausgang. Und viel sind der Zeichen, die nach der Erhöhung unseres Herrn geschahen, mehr als die, die vor seiner Erhöhung. Und es kam die Kunde dieser Sache zu allen Aposteln, seinen Genossen, und es ward Ruhe in Jerusalem und seiner Umgebung. Und die, welche dies gesehen hatten samt denen die es hörten, priesen Gott. Und als Prvtvniqi von Jerusalem nach Rom gieng, giengen sie in jeder Stadt, die sie durchzog, hinaus ihre Tochter zu sehen. Und als sie nach Rom kam, erzählte sie vor Claudius Cäsar alles, was geschah, und als er dies hörte pries er Gott und befahl, dass alle Juden aus dem Land Italien fortgehen müssten. Und auch dem Simon Kephas erzählte sie dieses alles, was die Apostel, seine Genossen, thaten. Vor jedermann predigen wir, dass die, welche hören, preisen und sich zu Christus bekennen. Und das [ist], was ich vor euch erzählt habe, meine Brüder, dass ihr wisset wie gross euer Glaube ist und wie sehr sich Christus denen naht, die in Wahrheit ihn anrufen. Und Jacobus, der Bruder unseres Herrn, der Erzpatriarch von Jerusalem, der sah mit seinen Augen diese That. Und der schrieb es und schickte es zu allen Aposteln, seinen Genossen. Und auch diese Apostel schrieben und thaten dem Jacobus die Wunder kund, die Christus durch sie that. Und sie wurden gelęsen vor den Söhnen der Kirche. Ihm sei Ehre, und über uns sein Erbarmen.

Ende.

3) Mus. Brit. Add. 14644.

Geschichte, wie das Holz des Kreuzes zum zweiten Mal aufgefunden wurde in den Tagen der seligen Kaiserin Helena, der Mutter des glorreichen und Gott liebenden Constantinus, des christlichen Kaisers, das gefunden wurde in Jerusalem.

Im Jahr 351 unter der Regierung des Gott liebenden Constantinus würdigte die heilige und belebende Gnade des heiligen Geistes die gläubige Helena, die Mutter eben des Constantinus einer grossen und herrlichen Gabe. Sie war nemlich eine Frau, welche in allen heiligen Schriften bewandert war und Liebe zu unserem Herrn Jesus Christus fand sich bei ihr und infolge dieses Eifers war es ihr ein grosses Anliegen, das Kreuz unseres Herrn Jesu Christi zu suchen und zu finden. Denn nachdem sie von der Fleischwerdung unseres Herrn erfahren hatte und wie er ans Holz gehängt wurde und dass er auferstand von den Todten am dritten Tage, liess sie nicht davon ab, bis sie es fände. Sie aber, die Gläubige, ging fort und kam nach Jerusalem mit Glanz [Ehre] und einem grossen Heer am 28sten im Monat Mai (Ijär). Und von den Einwohnern der Stadt und von den dortigen Juden machte sie eine grosse Versammlung. Nicht denen in der Stadt nur, sondern auch [einigen] von denen ausserhalb derselben, denen in den Dörfern und Flecken, befahl sie, sich zu versammeln. Jerusalem war nemlich zu jener Zeit so ziemlich verwüstet und nur gegen 3000 jüdische Personen fanden sich drin. Und als sie versammelt waren, sprach die Kaiserin zu ihnen: „Ich habe aus den heiligen Schriften gelernt, dass ihr Lieblinge Gottes waret von Alters her. Und weil ihr alle Erkenntniss der Schriften verworfen und denjenigen, der euch von den Flüchen des Gesetzes erretten wollte, verschmäht und den, der durch Speichel die Augen der Blinden öffnete, mit Speichel geschändet und das wahrhaftige Licht für Finsterniss und Lüge gehalten habt: deswegen sind über euch diese Flüche gekommen, die geschrieben sind in eurem Gesetze. Versammelt mir also Leute aus eurer Mitte, die das Gesetz genau verstehen, dass sie mir Auskunft geben über alles, was ich sie fragen werde." Sie schieden von ihr in grosser Furcht und wählten aus ihrer Mitte die Gesetzeskundigen, gegen Eintausend und brachten sie vor die Kaiserin. Und es antwortete die Kaiserin und sagte zu ihnen: „Höret auf meine Worte und merket auf meine Rede: denn ihr habt die Worte der Propheten nicht verstanden, wie sie im Voraus über das Kommen unseres Herrn geweissagt haben. Der selige David sagt ja: Ich setze den Herrn vor mich allezeit, und er ist zu meiner Rechten, dass ich nicht wanke. Und der heilige Jesaja spricht (1,2 f.): Kinder habe ich grossgezogen und erhöhet, und sie sind von mir abgefallen. Und ein Ochse kennt seinen Besitzer und ein Esel die Krippe seines Herrn, aber mein Volk kennt mich nicht, und Israel versteht mich nicht. Und auch alle Schriften reden von ihm, von Christus. Weil ihr nun damals Kenner des Gesetzes gewesen seid, so wählet mir jetzt wieder heute Leute aus, die im Gesetz wirklich bewandert sind, dass ich sie frage und sie mir Antwort geben." Es befahl aber die selige Helena, dass die Soldaten (Römer) sie bewachen sollten, dass sie nicht irgendwo hinfliehen, ehe sie Antwort gegeben hätten. Sie rathschlagten aber einer mit dem andern und wählten wieder aus ihrer Mitte gegen 500 Männer und sie kamen und traten vor sie. Und sie fragte: „Wer sind diese?" Und sie sagten: „Die genauen Kenner des Gesetzes." Und sie fing an, sie zu lehren, indem sie sprach: „Ihr seid in Wahrheit Thoren, ihr Söhne Israels, die ihr nachfolgt der Blindheit eurer Väter, jener Mörder, welche sagten, der

Messias sei nicht Gott. Ihr, die ihr im Gesetz und in den Propheten leset, und ihr versteht es nicht." Sie sprachen: „Wir lesen's und wir verstehn's. Was sind doch das für Worte, welche du mit uns redest, Herrin? Sprich zu uns offen und zeig's uns an, dass auch wir nach unserem Vermögen deiner Majestät Antwort geben." Und sie sprach zu ihnen: „Geht wieder hin und wählet diejenigen, die besonders unterrichtet sind über die Bedeutung des Gesetzes." Sie sprachen aber, indem sie hingingen unter einander: „Warum denn versetzt uns die Königin in diese grosse Mühe." Einer von ihnen, dessen Name Judas war, sprach zu ihnen: „Ich weiss es und denke es. Nach dem Holz, an welchem unsere Väter Jesus kreuzigten, forscht sie uns aus. Aber sehet zu, dass wenn einer von uns es weiss, er es nicht gestehe. Wo aber nicht, hören alle Feste unserer Väter auf, und auch das Gesetz hört auf. Zachäus nemlich, der Vater meines Vaters, hat meinem Vater Anweisung gegeben, als er starb, und mein Vater wiederum als er starb, [fol. 19 v.] hat mir Weisung gegeben und zu mir gesprochen: Sieh zu, mein Sohn, wenn das Holz gesucht werden wird, an welchem unsere Väter Jesus aufhängten, sie die auch früher über ihn sich erkundigten und fragten, von wannen er sei: wenn es sich trifft dass sie dich fragen, ehe du Marter erduldest, sprich. Denn nicht wird dies Geschlecht der Juden mehr regieren, sondern von dann ist der Sieg bei den Anbetern Christi und er wird in alle Ewigkeiten regieren. Denn er ist der König, der Sohn des lebendigen Gottes. Und ich sprach zu ihm: mein Vater, wenn unsre Väter wussten, dass er Christus ist: warum haben sie ihre Hände über ihn ausgestreckt? Und er antwortete und sprach zu mir: hör mich, mein Sohn. Nach dem nämlich was unsere Väter sprachen, hatte ich durchaus keine Gemeinschaft mit den Kreuzigern; sondern sie standen auch gegen die Ältesten des Volks und seine Schriftgelehrten auf, die wussten, dass er fürwahr der Christ sei. Und auch er, Jesus, tadelte sie beständig, und sie verurtheilten ihn aus Neid und töteten ihn, der nicht starb, und nahmen ihn herab vom Kreuz und begruben ihn und nach drei Tagen stand er auf und zeigte sich seinen Jüngern. Dadurch glaubte auch Stephanus, der Bruder des Vaters meines Vaters und fing an zu lehren in seinem Namen. Und es versammelten sich über ihn die Pharisäer und Sadducäer und verurtheilten ihn und steinigten ihn. Und als der Selige nahe daran war seine Seele aufzugeben, blickte er gen Himmel und betete und sprach: Herr, rechne ihnen diese Sünde nicht zu. Höre mich nun, mein Sohn, und ich will dich die Barmherzigkeit Jesu lehren. Auch Saul, der auf der Seite des Tempels war und auf dem Handwerk der Teppichweber arbeitete, auch er verfolgte alle die an Christus glaubten und versammelte ein grosses Volk gegen unsern [f. 20 r.] Bruder Stephanus, als er gesteinigt wurde, und Christus erwies ihm Erbarmen und führte ihn zu sich, und machte ihn zu seinem Jünger. Deswegen mein Sohn, wie meine Väter mir Weisung gaben, habe ich in Wahrheit geglaubt, dass er der Sohn Gottes ist. Und du, mein Sohn, sollst nicht über ihn lästern und die an ihn glauben, nicht bedrängen und ewiges Leben wird dir werden. Wenn also in deinen Tagen das Kreuz gesucht wird, zeige es; wenn aber nicht, gieb deinen Kindern Weisung. Solche Weisung hat mein Vater Simon mir gegeben und sieh ihr habt es gehört: was dünkt euch? wenn sie uns fragt, welche Antwort sollen wir ihr geben wegen des Holzes des Kreuzes?" Und es antworteten jene und sprachen zu ihm: „Wir haben nie und nirgends diese Worte, die wir von dir heute hörten, je gehört. Und nun sagen wir dir, wenn das Holz des Kreuzes gesucht wird, dass du es zeigest, wenn du es weisst. Nach deinen Worten nemlich weisst du offenbar auch wo es ist." Und während sie so heimlich unter einander redeten, kamen andere Soldaten (Römer) hinter ihnen her und sagten: „Die Kaiserin verlangt euch" und brachten sie. Und als sie vieles mit ihnen redete und sie fragte und sie keine Antwort geben konnten, befahl sie, dass sie dem Feuer überliefert würden. Sie aber, da sie sich fürchteten, lieferten ihr einen von ihnen aus, dessen Name Judas war, indem sie sagten: „Dieser Mann [ist] war der Sohn eines gerechten und prophetischen Mannes und mehr bewandert im Gesetz, als jeder und wird dich lehren, alles was du ihn fragst. Und als die Juden dieses Zeugniss über ihn ablegten, entliess sie dieselben von sich und nahm den Judas allein und rief ihn und sprach zu ihm: „Was von den zweien wählst du, [f. 20, v.] wenn einer vor dich legt gutes und lebenswerthes Leben oder den Tod mit harten Qualen." Judas sagte: „Wer sehnt sich denn, wenn er Brod bekommen kann in der Wüste, Steine zu essen?" Die Kaiserin sprach: „Wenn du also Leben haben willst [wörtl.: Leben leben willst] im Himmel und auf Erden, sag mir: wo findet sich das Holz des Kreuzes und wo wurde es von euch verborgen?" Judas sprach: „Nach dem was geschrieben ist in den Denkwürdigkeiten." Sie sprach: „Zeige mir." Judas sprach: „Viele Jahre sind es nun, 200 oder 300, mehr oder weniger, und wir sind heute junge Leute und wie können wir das wissen?" Die Kaiserin sprach: „Und wie der Kampf um Troas der vor vielen Jahrhunderten und von Ilion ['Ilon], dessen jedermann gedenkt und wie sie auch ein Grab zeigen, denen die dort wohnen. Judas sprach: „Es ist bekannt, dass sie dies aus Schriften wissen, wir aber haben keine solchen." Die Kaiserin sprach: „Wie oft trifft es sich, dass auch Idioten um grosse Begebenheiten wissen, du aber hast vor kurzem erkennen lassen, dass es Denkwürdigkeiten gibt." Judas sprach: „Nur vermuthet habe ich es und gesagt, Herrin." Die Kaiserin sprach: „Ich habe aus dem heiligen Evangelium gelernt, dass er an einem Ort, der Schädelstätte genannt wird, gekreuzigt wurde. Du also zeige mir diesen Ort, welcher er sein mag. Und ich will ihn durchforschen und bin voll Vertrauen, dass ich es finden werde und meine Sehnsucht erfüllt wird." Judas sprach: „Den Ort, Herrin, kenne ich nicht, weil ich auch nicht [hier? oder damals] geboren bin." Die Kaiserin sprach: „Bei Christus schwöre ich, der gekreuzigt wurde, dass ich durch Hunger und Durst dich martern werde, bis du die Wahrheit sagst."

Und als sie das gesprochen, befahl sie den Judas in einen trockenen Brunnen zu werfen sieben Tage lang [f. 21. r.] und ihn ohne Nahrung dort zu lassen. Und als die sieben Tage um waren, schrie Judas aus dem Brunnen herauf und sprach: „Ich bitte euch, bringet mich aus diesem Brunnen herauf und ich will euch den Ort zeigen, wo das Kreuz Christi verborgen ist." Und als er aus dem Brunnen heraufgekommen war, gieng er an den Ort und schrie mit lauter Stimme auf hebräisch, indem er also sprach: „Gott, der die Erde gemacht hat und mit seiner Hand den Himmel ausgespannt und mit seiner Faust den Staub der Erde gemessen. Gott, der sitzt auf dem Wagen der Cherubim, die in der Luft fliegen, und wohnt in einem erhabenen Licht, unermessen, wohin einer von den Menschenkindern nicht aufsteigen kann: Gott der die Seraphim gemacht hat, die ungezählten, zu seinem Dienste und die mit ihren Stimmen ihn loben ohn Aufhören, indem sie sprechen: heilig, heilig, heilig ist der Herr der Heerscharen, von dessen Ehren die Erde voll ist: du bist der Herr des Alls, weil alles das Werk deiner Hände ist: und nun Herr, wenn dies dein Wille ist, dass der Sohn der Maria herrsche, der von dir gesandt wurde: denn wenn er nicht von dir gewesen, hätte er diese Thaten nicht gethan und wäre er nicht nach drei Tagen von den Toten auferstanden: auch jetzt, Herr, bitte ich von dir, thue dies Wunder bei mir und wie du dem Mose die Gebeine Josephs gezeigt hast, so zeige auch uns den vortrefflichen Schatz, das Holz deines Kreuzes. Und wenn es an diesem Orte verborgen, so steige von ihm ein Duft von Wohlgerüchen auf, so will auch ich an Christus glauben der gekreuzigt wurde, der [oder dass er] herrscht in alle Ewigkeiten. Und nachdem Judas gebetet hatte, zur Stunde geschah eine laute Stimme an selbigem Ort und ein starker Duft von auserlesenen Wohlgerüchen verbreitete sich von ihm aus, so dass Judas beleuchtet wurde, indem er die Hand zusammenschlug und pries und bekannte und sprach: [f. 21 v.] „Fürwahr du bist Christus, der Erlöser des Alls. Ich danke dir Herr, dass du mich, indem ich es nicht werth bin, nicht beraubt hast deiner Gnade: ich bitte von dir, Herr, gedenk nicht gegen mich an meine Sünden, sondern bringe mich zu dem seligen Stephanus meinem Bruder, der heute triumphirt mit den 12 Aposteln, den seligen, deinen Knechten." Und als er dies gesprochen, gürtete er seine Lenden mannhaft und nahm ein Beil in seine Hand. Und als er etwa 20 Ellen tief gegraben, fand er die drei verborgenen Kreuze und brachte sie herauf mitten in der Stadt zu der Kaiserin. Und es fragte ihn die Kaiserin, welches von ihnen dasjenige sei, an dem Christus gekreuzigt wurde; denn ich weiss, dass zwei davon jenen Übelthätern gehören, die mit ihm gekreuzigt wurden. Und er brachte sie in die Mitte der Stadt und sie warteten die Herrlichkeit Christi zu sehen. Und um die Zeit der neunten Stunde kam ein Toter vorbei, indem sie ihn auf einer Bahre trugen und dieser Tote war ein Jüngling. Judas aber sprach: „Jetzt, Herrin, können wir erfahren, welches wirklich das Kreuz ist, an welchem unser Herr gekreuzigt wurde und du sollst seine Kraft inne werden." Und Judas ergriff die Bahre und legte zwei Kreuze auf sie und der Tote stand nicht auf. Und als er das dritte auflegte, an dem unser Herr gekreuzigt worden war: in dem Augenblick [in der Stunde] stand der Tote auf. Und alle die dabei standen, wunderten sich und priesen Gott über dem, was sie sahen. Der Teufel aber schrie über den einen Mann, der ein Theil Satans gewesen war, der gewöhnt ist das Schöne zu beneiden, und rief und sprach: „Wer ist wieder dieser Jesus, der mich die Seelen nicht dahinnehmen lässt! Wehe über dich Jesus, der du die ganze Welt an dich gezogen hast! Warum hast du dein Kreuz wieder dem Judas geoffenbart, dass er gegen mich sei! Wehe dir Judas, was hast du gethan? Durch den ersten Judas habe ich den Verrath [f. 22. v.] begangen und machte die Welt freveln. Jetzt aber durch diesen zweiten Judas werde ich gar sehr verfolgt. Ich hab ein Mittel gefunden, was ich dir gegenüber thun will. Nun gehe ich zu einem andern Kaiser, der regieren wird, zu vertilgen den Namen des Gekreuzigten und er wird mir folgen und dich in viele Martern werfen. Dann wirst du verleugnen den Gekreuzigten, den du jetzt bekannt hast." Judas aber wurde stark und bedrohte den Teufel und sprach: „Christus, der die Todten auferweckt, bedräue dich." Und zur Stunde wurde selbiger Mann von seinem Dämon ledig [eigentlich: lebendig]. Und als die selige Helena das sah, was unser Herr durch die Hand des Judas that, wunderte sie sich über seinen Glauben. Und sie, Helena, bewahrte mit grosser Vorsicht das anbetungswürdige Kreuz und fasste es mit gutem Gold und kostbaren Steinen, und machte dafür ein Kästchen von Silber und legte es darein. Und baute eine Kirche an dem Ort, der Schädelstätte genannt wird. Und er, Judas, nahm sogleich die Taufe an, die unverwesliche auf Christus und wurde beglaubigt durch Zeichen, die Christus durch seine Hand that. Sie aber, die Gläubige, brachte den Judas zu dem Bischof, der dort in jener Zeit war eben in Jerusalem, weil er ihn auch getauft hatte. Und als der dortige Bischof starb, sprach die Kaiserin zu dem seligen Eusebius, dem Bischof von Rom, der bei ihr war, und der legte dem Judas die Hand auf und machte ihn zum Bischof dort in Jerusalem. Und auch seinen Namen änderte sie und nannte ihn Cyriacus. Und nachdem dies geschehen war, war abermals die Kaiserin, weil sie in Wahrheit voll Glaubens war und bewandert in den beiden Testamenten der heiligen Schriften, sehr besorgt, auch noch die Nägel zu finden, die ans Kreuz eingeschlagen gewesen waren.

Und sie rief wiederum den seligen Cyriacus, dessen Name vorher Judas gewesen war, und sprach zu ihm: „Nun ist mein Wunsch erfüllt in betreff des Holzes des Kreuzes. Ich will aber auch die Nägel, die in seine Hände und Füsse eingeschlagen waren, die sehne ich mich zu sehen. Und nicht höre ich auf und nicht ruht mein Herz, bis auch diese Bitte mir Christus gewähren wird. Aber bete noch einmal und ich glaube, dass dir unser Herr auch dies zeigen wird." Und der Selige machte sich auf zu der Stunde und gieng an den Ort, wo das Kreuz gefunden worden war, mit vielen Brüdern und Gläubigen, die das Wunder gesehen hatten, das geschehen war, als das Kreuz gefunden wurde und wie es den Toten auferweckte. Und als er hinkam, hob er seine Augen auf gen Himmel, indem er auf seine Brust schlug, und schrie zu Gott und sprach: „Ich danke dir, Herr, dass du mich erlöset hast von der Unwissenheit der Juden und selig preise ich die an dich glauben und alle die an dich glauben werden.“ Und er verweilte in seinem Gebet und er wartete ein Zeichen zu sehen, wie er es gesehen hatte, als das Holz des Kreuzes gefunden wurde. Und am Schlusse seines Gebets, als er Amen sprach, geschah wieder ein Zeichen wie das erste, welches wir alle sahen, als wir versammelt waren. Ein Blitz nemlich fürchterlich und gewaltig erglänzte plötzlich vom Himmel an dem Ort des Kreuzes, also dass er das Licht der [fol. 23 v.] Sonne übertraf. Und die Nägel wurden gesehen mitten aus der Erde wie köstliches Gold, das blitzt, so dass jeder der es sah, gläubig wurde und sprach: nun wissen wir, dass Jesus der gekreuzigte Gott ist. Und es nahm der selige Bischof Cyriacus die Nägel mit Vorsicht und brachte sie der gläubigen Helena. Und als sie dieselben sah, neigte sie sich vor ihnen und betete an. Und da sie voll Glaubens war, pries sie Christum unsern Herrn und besann sich, was sie aus diesen Nägeln machen sollte. Und die Gnade des heiligen Geistes erleuchtete wiederum ihren Sinn wie zuvor und gab in ihren Sinn, dass sie aus ihnen etwas machen sollte zu einem guten Gedächtniss für kommende Jahrhunderte. Und das, was der Prophet vor Zeiten geweissagt hatte, gedachte sie zu machen und schickte und liess einen gläubigen Mann und geschickten Künstler holen, über den viele Zeugniss gaben. Und sie sprach zu ihm: „Den Befehl des Kaisers beobachte und das Geheimniss des Kaisers führe aus, und nimm diese Nägel und mache aus ihnen Zügel für das Pferd des Kaisers, dass es ihm statt einer unbesieglichen Rüstung gegen alle seine Feinde sei. Denn der Sieg ist nun des Königs und Frieden statt Krieg wird er haben, dass das Wort, das geschrieben ist im Propheten Sacharja (14,20) erfüllt werde, der da spricht: es wird geschehen an selbigem Tag, dass der Zügel des Pferds Heiligkeit dem Herrn genannt werden wird. Und sie, diese Selige, vermehrte den Glauben an unsern Herrn in Jerusalem. Und als sie dies alles vollendet hatte, erhob sie zur Stunde eine grosse Verfolgung über das Volk der Juden und befahl, dass sie aus Judäa vertrieben [verfolgt] würden. Und grosse Gnade wurde dem Bischof [fol. 23a] Cyriacus von Gott geschenkt, dass er auch das Lager der Teufel durch sein Gebet vertrieb und allen Schmerz und Krankheit heilte. Die Kaiserin aber gab grosse Geschenke in Jerusalem und liess sie dem Bischof zur Versorgung der Armen. Und mit grosser Ehre und im Frieden schied sie. Und sie befahl allen, welche an Christus glaubten, den Männern und Frauen, dass sie das Gedächtniss der Auffindung des Kreuzes Jahr um Jahr halten sollten, solange sie lebten. Und alle die das Kreuz [oder den Gekreuzigten] kennen und sein gedenken, ihnen werde ein Theil mit Maria der seligen Gottesmutter in alle Ewigkeiten. Amen.

Zu Ende sind die Denkwürdigkeiten darüber, wie das Holz des Kreuzes zum zweiten Mal aufgefunden wurde in Jerusalem durch das Betreiben der gläubigen Helena in den Tagen des christlichen Constantinus, des siegreichen Kaisers.

IV.

Im Jahr 1868, also 180 Jahre nach der ersten Veröffentlichung der Geschichte der ersten Kreuzauffindung durch die Kaiserin Protonice, wurde dieselbe in einem andern Theil der gelehrten Welt und in anderem Zusammenhang abermals bekannt gemacht. Im Mechitharistenkloster von San Lazaro, Venedig, erschien im genannten Jahr, ein Schriftchen nicht viel grösser als das von Loftus: Laboubnia. Lettre d'Abgar ou histoire de la conversion des Édesséens par Laboubnia écrivain contemporain des Apôtres, traduite sur la version Arménienne du Vme siècle. Venezia. 58 S. 8°. Der Herausgeber, der gleichzeitig ebendaselbst den armenischen Text dazu veröffentlichte, (71 S. 8°) war Dr. Alishan, der sich um die Literatur seines Volkes mehrfach, unter anderem auch durch Übersetzung armenischer Volkslieder verdient gemacht hat. Aber was hat der bekannte Briefwechsel Abgars mit Christus und die Bekehrung der Edessener mit der Auffindung des Kreuzes durch eine römische Kaiserin zu schaffen? Der Zusammenhang ist folgender:

Der angebliche Zeitgenosse der Apostel, Labubnia, erzählt in der genannten Schrift, wie Thaddäus, der auf Abgars Brief an Christus nach dessen Auffahrt von Judas Thomas zu demselben geschickt wurde, diesem und seinem Hofe nicht blos das erzählte, was Christus selber that und lehrte, sondern auch das, was nach seiner Erhöhung in seinem Namen, in Gegenwart von Leuten geschah, die wie Abgar, an ihn als den Sohn des lebendigen Gottes glaubten. Das ist nun eben die Geschichte von der Auffindung des

Kreuzes durch Protonice. Natürlich fehlt in derselben, weil von einem angeblichen Zeitgenossen der Apostel herrührend, der Schluss der Erzählung, welcher zur zweiten Kreuzauffindung überleitet, dass es unter Trajan den Christen wieder abgenommen worden sei, und sie endigt nur mit der Notiz, dass Jacobus der Leiter der jerusalemischen Kirche, der die Sache mit eigenen Augen sah, einen schriftlichen Bericht darüber den andern Aposteln schickte und diese wiederum ihm Bericht erstatten, was bei ihnen geschah. Alishan legte seiner Übersetzung eine armenische Handschrift des genannten Venediger Klosters zu Grunde. Merkwürdigerweise war nun in Paris ein Jahr zuvor aus einer armenischen Handschrift der dortigen Bibliothek dasselbe Stück in französischer Übersetzung von Victor Langlois in seiner Collection des Historiens Anciens et Modernes de l'Arménie[1]) veröffentlicht worden unter dem Titel: „Léroubna d'Édesse. Histoire d'Abgar et de la prédication de Thaddée traduite pour la première fois sur le Manuscrit unique et inédit de la Bibliothèque Imperiale de Paris par Jean-Raphael Émine." Wieder abgedruckt wurde es im Jahr 1872 im fünften Band der „Fragmenta Historicorum Graecorum" von Müller und Langlois 313—331. Wie Alishan so erkennt auch Langlois, dass der armenische Text nur Übersetzung eines syrischen Originales ist, die ohne Zweifel im goldenen Zeitalter der armenischen Literatur entstand; aber dem letzteren war unbekannt geblieben, dass von dem syrischen Original schon 3 Jahre zuvor sehr wesentliche Bruchstücke veröffentlicht worden waren. Das war in dem Opus posthumum des um die syrische Literatur wohlverdienten Dr. Cureton gewesen, in den „Ancient Syriac Documents relative to the earliest establishment of Christianity in Edessa and the neighbouring countries, from the year after Our Lord's ascension to the beginning of the fourth century; discovered,

---

[1]) Paris, Didot. T. I. 317—325.

edited, translated, and annotated by the late W. C., DD. etc. With a preface by W. Wright."[1]) Da finden wir an zweiter Stelle, nachdem an erster die syrische Übersetzung des letzten Capitels aus dem ersten Buch der Kirchengeschichte des Eusebius abgedruckt ist, welches lange Zeit die einzige Quelle über den Briefwechsel Abgars mit Christus gewesen war, zahlreiche Bruchstücke aus einer „The Doctrine of Addaeus the Apostle" genannten Schrift (S. 6—23, des englischen, 5—23 des syrischen Textes, wozu S. 47—166 der Anmerkungen zu vergleichen ist). Auf S. 166 theilt Cureton aus einem ihm unterm 23. Jan. 1863 von Alishan aus Venedig gesandten Briefe die erste Kunde von seiner Entdeckung des armenischen Textes mit, wobei Alishan zugleich schreibt: „Je suis porté à croire que c'est la traduction de l'original que vous avez découvert en langue Syriacque." So ist es in der That, und nur das Stück, welches die Kreuzauffindung erzählt, fehlt unglücklicherweise in den von Cureton edirten Fragmenten, indem das erste Fragment wenige Zeilen vor der Stelle aufhört, wo diese Geschichte beginnt und das zweite, einer andern Handschrift entnommene, erst viel später einsetzt. Das wissen wir jetzt um so sicherer, als seit einigen Jahren auch das syrische Original uns nun vollständig vorliegt.

Unter den 4 syrischen Handschriften des Marienklosters der nitrischen Wüste, welche der Grieche Pacho, als das Britische Museum die Bibliothek jenes Klosters ankaufte, schmählicherweise unterschlagen und 1852 um theures Geld (2500 Silber-Rubel) nach Petersburg verkauft hat, befand sich nämlich eine, die die Doctrina Addaei, um das Werk der Kürze halber so zu bezeichnen, vollständig enthielt. Aus derselben ist es 1876 von Ge. Phillips in Cambridge mit einer englischen Übersetzung veröffentlicht und damit ein Anstoss zu neuer Untersuchung des ganzen Sagenkreises

---

[1]) London, Williams and Norgate 1864. 4°.

gegeben worden.[1]) Indem ich für alles weitere auf die unten verzeichneten Recensionen der genannten Ausgabe, vor allem aber auf die Festschrift verweise, welche R. A. Lipsius namens der theologischen Facultät Jena's zu Hase's 50jährigem Professorjubiläum hat erscheinen lassen,[2]) beschränke ich mich im folgenden einzig und allein auf die Geschichte von der Kreuzauffindung und zwar zunächst auf die der ersten durch Protonice. Die erste Frage, die dabei in Betracht kommt, ist die: Wann und wo ist die Protonicelegende entstanden? geschah dies unabhängig von der Doctrina Addaei oder nicht? Zur Entscheidung müssen sämtliche Recensionen, in denen sie uns vorliegt, verglichen werden:

Mit A bezeichne ich den Dubliner Druck von 1686, mit A^1 die Geschichte der ersten, mit A^2 die der zweiten Kreuzauffindung.

Mit B die Londoner Handschrift 12174, wobei ich, wie bei A, B^1 und B^2 unterscheide.

Mit C die Pariser Hds. cod. 234.

Mit D die Petersburger, aus welcher Phillips die Doctrina Addaei edirte.

Mit F das Londoner Fragment in 14654 (V. oder VI. Jahrhundert, von dem Phillips S. 51/2 eine Collation mitgetheilt hat.

Mit G die Londoner Handschrift 14644, welche nur die Geschichte der zweiten Kreuzauffindung enthält.

---

1) The Doctrine of Addai, the Apostle, now first edited in a complete form in the original Syriac, with an English Translation and Notes. London, Trübner. XV. 52 u. 53 S. Zu vergleichen: Athenaeum July 22., Academy: Le Page Renouf 6. Jan. 77., Jahrbb. f. D. Theol.: Wagenmann XXI, 2. Lit. Centr. Bl. 76, 29 Th. N[öldeke]; Hilgenfeld's Zeitschrift 77. 574/6. Revue Critique: A. Carriere 6. Jan. 77; Jenaer Lit. Zeitung: E. Prym 77, 18. Gött. Gel. Anz.: Th. Zahn 77, 6. Brieger, ZfKG. II, u. III, 1. 194/7. Theol. Lit. Zeitung: E. Nestle 1876, 25. 77, 4.

2) Die edessenische Abgarsage kritisch untersucht. Braunschweig, Schwetschke 1880.

Mit H die oben mit D bezeichnete Petersburger Handschrift, in welcher nach Wright, Apocr. Acts of the Apostles I p. VII sich ausser der Doctrine of Addai auch the Invention of the Holy Cross by the empress Helene fol. 74b sich findet.

Auf den ersten Blick leuchtet ein, dass AB einerseits, GH andererseits zusammengehören, ebenso dass DF auf eine Seite treten. Fraglich ist nur, wie A^1B^1C sich zu DF, und wie A^2B^2 sich zu GH verhalten; diese Frage ist eine sehr complicirte, sobald man die Varianten, die sie aufweisen, ins Auge fasst. Zwar zwischen D und F ist der Unterschied der Lesarten nicht grösser, als er sich sonst bei verschiedenen Handschriften eines und desselben Stückes findet; aber B^1 weicht so sehr von C und von DF und ebenso natürlich C von B^1 und DF ab, dass weder B^1 von C oder DF noch C von B^1 oder DF; noch endlich DF von B^1 oder C direkt abgeleitet werden kann. Über A^1 kann, da die syrische Handschrift verloren ist und von ihrer Übersetzung mir nur einzelne Stellen vorliegen, mit völliger Sicherheit nicht geurtheilt werden, aber zu weit fehl gehen wir nicht, wenn wir A mit B völlig identificiren.[1]) Um dem Leser selbst das Urtheil über den Charakter der Varianten zu ermöglichen, habe ich mich die Mühe nicht verdriessen lassen, aus Phillips' Ausgabe sämtliche Varianten von D (F) herauszuschreiben, um sie unter den Text von A und C zu setzen; es wären deren aber zu viele gewesen, so habe

---

[1]) 11. 5. 89. Durch die oben erwähnte Freundlichkeit Bensly's steht S. 37. 38 hinter dem Text von B die vollständige Collation von A = Bodl. Libr. MS. Marsh 13 fol. 243 v.; sie bestätigt die wesentliche Identität der beiden Rezensionen. — Derselbe Gelehrte sandte mir weiter unterm 16. Jan. 1882 auf Grund neuer Collation einige Korrekturen zu meiner Abschrift von B: Z. 148 lies ܠܚܕܐ, 216 ܐܦܪܘܣܐ, 261 ܘܐܠܐ, 343 ܡܫܡܫܘܗܝ; zu Z. 44 siehe die Praef. der Porta, wo zugleich gesagt ist, dass für ܐܘܪܫܠܡ überall ܐܘܪܫܠܡ zu lesen sei; ebenso ist im Vorwort zur zweiten Ausgabe bemerkt, dass der Druck den Text der Hdss. genau wiedergiebt; z. B. Z. 222.

ich mich entschlossen, den ganzen Text von D (F) abzudrucken, um so die Mühe eines beständigen Rückgangs auf Phillips' Ausgabe zu ersparen.[1])

Was nun den Charakter der Varianten betrifft, so fällt als zahlreichste Classe eine in die Augen, welche sachlich von gar keinem Belang, sprachlich aber um so interessanter ist, die grosse Reihe derjenigen Stellen — es sind über 60, fast überall wo es sein konnte — an welchem in B und C das Hilfszeitwort ܗܘܐ, das in D (F) nach Perfect, Imperfect, Particip des Verbums steht, ausgelassen wird. Wie ist diese durchgehende Erscheinung zu erklären? Ist das Weglassen von ܗܘܐ Schreiberfaulheit, ist die Setzung desselben Zeichen eines früheren oder späteren Sprachgebrauchs oder individuelle Liebhaberei des Schreibers von D? Am meisten spricht noch für die erstere Annahme; denn — und damit kommen wir auf eine zweite Reihe von Varianten: es lässt sich in C und noch mehr in A B auch sonst das Streben wahrnehmen, möglichst zu kürzen. S. ܣܒ, 2 ܒܥܘܗܝ — ܘܠܐ ܐܝܟ fehlen in A B 5 Zeilen von D; diese könnten möglicherweise durch Homoioteleuton ausgefallen sein; aber das 8 Zeilen lange zweite Gebet S. ܣܝ, 11 ist offenbar absichtlich weggelassen; S. ܣܗ, 3 sind die 11 Zeilen von D ܕܐܫܬܠܡ ܢܣܒ bis ܠܡܛܥܡܘ ܕܛܠ in die 4 Worte zusammengefasst ܠܐܘܪܫܠܡ ܕܗܘܐ ܚܫܒ ܠܐܠܗܘܬܐ; und nur eigentlich ein einziges Mal findet sich ein Zusatz in A an der im übrigen verkürzten Stelle S. ܣܒ, 18, wo ܘܡܝܬ ܐܝܟ ܕܨܒܐ ܡܛܠܬܢ „er starb freiwillig um unseretwillen“ auf die christologischen Streitigkeiten gewisser Zeiten hinweist; dazu kann man noch nehmen, dass Jacobus S. ܠ, 3 auch noch Bischof, nicht blos Leiter und Vorsteher genannt, und dass S. ܣܘ, 17 aus Rom und dem Land Italien gesagt wird. Aber sonst findet sich in AB nichts, das sich nicht auch in D und in C fände. Es ist deshalb, um das Verhältniss der 3 Recensionen zu bestimmen, wichtiger, dass zunächst die Beziehung von C

---

[1]) 11. 5. 89. Ich unterlasse es; warum soll ich den Absatz von Phillips' Ausgabe beeinträchtigen?

zu D richtig erkannt werde. Denn es ist nicht so, dass C ein Auszug von D, A wiederum von C wäre. Nehmen wir z. B. die eben angeführte Stelle über Jacobus, so heisst es von ihm in

A ܝܥܩܘܒ܂ ܕܝܢ ܟܕ ܡܕܒܪ ܗܘܐ ܐܝܟ ܐܦܣܩܘܦܐ ܕܥܕܬܐ ܕܚܢܢ ܗܘܐ
ܐܝܟ ܘܩܫܝܫܐ ܗܘ ܡܫܡܫ ܘܓܘ

B ܝܥܩܘܒ ܕܝܢ ܟܕ ܡܕܒܪ ܗܘܐ ܐܦܣܩܘܦܐ ܐܝܟ ܕܥܕܬܐ ܕܚܢܢ ܐܝܟ
ܘܩܫܝܫܐ ܘܡܕܒܪܢܐ ܗܘ ܡܫܡܫ ܘܓܘ

D ܝܥܩܘܒ ܕܝܢ ܕܡܕܒܪ ܗܘܐ ܡܕܒܪܢܐ ܘܩܫܝܫܐ ܕܥܕܬܐ ܕܚܢܢ
ܗܘܐ ܠܢ ܐܝܟ: ܗܘ ܡܫܡܫ ܘܓܘ

C ܝܥܩܘܒ ܕܝܢ ܐܚܘܗܝ ܕܡܪܢ ܡܕܒܪ ܗܘܐ ܥܕܬܐ ܕܐܘܪܫܠܡ
ܗܘ ܐܘܪܫ[1]) ܘܓܘ

Nehmen wir einen andern Fall, wo wir auch noch F vergleichen können: die Anrede des ersten Gebets heisst in AB ܡܪܢ ܝܫܘܥ ܡܫܝܚܐ, D ܐܠܗܐ, F ܒܪܗ ܕܐܠܗܐ, C ܡܫܝܚܐ oder Z. 59 A B ܣܓܝܕܬܐ ܘܬܘܕܝܬܐ, D ܕܣܓܝܕܬܐ ܘܦܠܚܬܐ ܘܬܘܕܝܬܐ F "ܘܬ ܕܦܠܚܬܐ ܣܓܝܕܬܐ, C ܦܠܚܬܐ ܘܬܘܕܝܬܐ.

Auffallend ist auch die Differenz Z. 45.

A ܘܐܡܪܘ ܕܥܠܝܢ ܠܝ ܢܦܫ ܠܗ ܟܠ ܕܡܫܪܐ ܒܡܠܟܘܬܐ ܘܓܘ

B ܘܐܡܪܝܢ ܕܥܠܝܢ ܕܢܦܫ ܠܗ ܟܠ ܕܡܫܪܐ ܒܡܠܟܘܬܐ ܘܓܘ

D ܘܐܡܪܘ ܕܡܠܟܘܗ ܕܗܘܬܗ ܗܘܐ: ܟܠ ܕܡܫܪܐ ܒܡܠܟܘܬܐ ܘܓܘ

C ܘܐܡܪܘ ܕܟܠ ܕܡܫܪܐ ܒܡܠܟܘܬܐ ܘܓܘ ܗܘܬ ܠܗ ܗܘܝܐ.

Bedeutsam sind aber auch die Abweichungen zwischen C und D an solchen Stellen, wo A B nicht verglichen werden kann. Z. 72 z. B. wird was in D Rede des ältesten Sohns der Kaiserin ist, ihr in den Mund gelegt und dabei wieder (vgl. oben) der charakteristische Zusatz gemacht ܗܘܐ ܡܫܡܫ ܐܠܗܐ ܕܟܠ ܗܘ ܙܡܢ ܕܡܫܠ ܐܠܗܐ ܒܪܚܡܘܗܝ ܦܪܘܩܐ ܕܟܠ. Noch merkwürdiger ist das ܠܢ „uns,“ mit dem an derselben Stelle fortgefahren wird ܘܡܠܟܘܗ ܠܢ ܠܙܡܢܐ ܕܙܡܢܐ ܕܡܫܝܚܐ ܠܝܥܩܘܒ ܕܒܢܝ. Denn vorher war mit

[1]) Deutlich so hat Abbé Martin's Abschrift, ob das nicht doch nur ein Versehen für ܡܫܡܫ?

keiner Silbe angedeutet, dass der Erzähler selbst zugegen gewesen, hatte er überhaupt nur ganz objektiv von den Christen in der dritten Person geredet. Noch bedeutungsvoller ist eine Stelle am Schluss, wo in C ein Zusatz sich findet, der in D fehlt, durch den offenbar erst der richtige Sinn zu Stande kommt: Ihr sollt, heisst es in D, lernen und verstehen: *wie gross der Glaube Christi ist, bei denen die sich wahrhaftig an ihn anschliessen*, bei C dagegen: *wie gross euer Glaube ist und wie nahe Christus denen ist, die in Wahrheit ihn anrufen.* Doch ist es auch in diesem Fall noch möglich, dass D das ursprüngliche und C nur eine weitere Ausführung der etwas auffallenden Ausdrucksweise von D hat. In einem Fall entpuppt sich nun aber ganz entschieden C und weiterhin A B nur als Umarbeitung von D. Bei D ist ja die ganze Erzählung eingeschlossen in eine Rede des Apostelschülers oder Apostels Thaddäus und da hat es nichts auffallendes, dass er von den andern Aposteln als seinen Genossen spricht oder vielmehr in der ersten Person „meine Genossen" sagt. Das war natürlich in A B und C, die nur einen ganz objectiven Bericht über die Kreuzauffindung geben, nicht mehr möglich und so lässt A B das ܚܒܪ̈ܝ „meine Genossen" kurzer Hand weg, C ist nicht so radical und ändert nur die erste Person in die dritte; das hat im zweiten Fall keinen Anstand „Jacobus der Bruder des Herrn, der Erzpatriarch von Jerusalem (beiläufig: seit wann existirt dieser Titel?) schrieb es den *andern Aposteln* seinen Genossen (Z. 98); aber das erste Mal, wo es vorkommt (Z. 83), geht gar kein Name vorher, auf das sich „sein" zurückbeziehen könnte: Und viel waren die Thaten nach der Auffahrt unreres Herrn mehr als die vor seiner Auffahrt: und es kam das Gerücht von dieser Sache zu allen Aposteln, seinen [= Christi!] Genossen und Jerusalem hatte Ruhe." Wüssten wir nicht, dass in D hier „meine Genossen" stünde, so liesse sich die Beziehung auf Christus zur Not verteidigen, so aber ist klar, dass es nur eine auf halbem Weg stehen gebliebene Correctur ist und ist weiter klar, dass die Erzählung uns in D in der relativ ursprünglichsten Form vorliegt. In der relativ ursprünglichsten sage ich zunächst, ob das wirklich die erste ist, bleibt noch dahingestellt.

Lipsius sagte (S. 69): „es ist klar, dass das ganze Stück mit den Acten des Thaddäus nur in einem sehr äusserlichen Zusammenhang steht. Es hat wahrscheinlich schon als ein selbständiges Ganzes existirt, bevor es in die DA. Aufnahme fand, und hier diejenigen lediglich formellen Änderungen erfuhr, welche erforderlich waren, um die Erzählung dem Apostel Thaddäus in den Mund zu legen. Wirklich findet es sich in verschiedenen syrischen und armenischen Handschriften als selbständiges Stück."

Dass die letzteren nicht als Beweis für die ursprüngliche Selbständigkeit des Stücks angeführt werden können, hab —

* * *

— mitten im Wort hört hier mit dem Ende eines Blattes mein Manuskript von 1881 auf; ein Teil desselben scheint mir abhanden gekommen zu sein; ich kann und will die Arbeit zur Zeit nicht wieder aufnehmen; ich stelle im Folgenden nur die von mir gesammelten Materialien zusammen. Für diese Zusammenstellung habe ich das im vorigen Jahr erschienene, dem Abbé Duchesne gewidmete, von Lipsius im Lit. Centr. Bl. 1888, 44, von Harnack in der Theol. Lit. Ztg. n. 26 mit Recht gerühmte Buch von Tixeront durchgegangen und mich überzeugt, mit meinen Sammlungen auch nach diesem Buch nichts Überflüssiges zu bieten; die Sylvesterlegende z. B. ist von Tixeront nicht vollständig in Betracht gezogen worden; dass die Hds., aus der die Protonicelegende zum erstenmal bekannt wurde, sich noch in Oxford findet, ist ihm entgangen; die in der zweiten Auflage meiner Porta veröffentlichten Rezensionen lagen ihm noch nicht vor; Gutschmid's Untersuchungen über die Geschichte des Königreichs Osroëne sind nicht mehr benutzt und was dergleichen Kleinigkeiten mehr sind. Die spätere Verzweigung und Überlieferung der Kreuzeslegende lag ganz ausser seiner Aufgabe. Von den von mir gesammelten Quellenstellen führe ich nur die auf, die bei Tixeront fehlen, z. B. aus Eusebius, eine zweimalige Erwähnung des h. Grabs, aus demselben Psalmenkommentar, aus dem ich die allerdings viel wichtigeren Nachrichten über das Mönchtum wieder ans Licht gezogen; aus dem Leben des Epiphanius von Cypern eine doppelte Erwähnung des Kreuzes in Jerusalem, die neben den Nachrichten Cyrill's als ältestes Zeugnis zu gelten hätte, wenn die Biographie zuverlässig wäre. Einen geplanten Abdruck der testimonia veterum unterlasse ich um so mehr, als Holder seither einen solchen geliefert; die Ordnung der Materialien ist eine chronologische und sachliche; der vorangestellte kurze Bericht über Duchesne's Ergebnisse wird manchem willkommen sein, denen sein grosses Werk nicht vorliegt.

In der Einleitung zu Bd. I seiner grossen Ausgabe des Liber Pontificalis behandelt Duchesne im IV les sources überschriebenen Kapitel § 5 Récits divers relatifs aux Papes; ganz kurz die Erzählungen über Petrus, Linus, Cletus, Clemens, ausführlicher sodann die von Eleutherus und dem britischen König Lucius, drittens die von der translatio Sancti Petri et Pauli, an 4ter und 5ter Stelle L'invention de la vraie Croix und Constantin et saint Silvestre p. CVII—CIX—CXX.

In der Besprechung der Kreuzauffindung geht D. vom pseudogelasianischen Dekret aus, in welchem zugleich alia scriptura de inventione capitis beati Johannis Baptistae erwähnt ist. Letztere Erzählung, welche sich auf eine Thatsache aus dem Jahr 453 beziehe, sei ins Lateinische von Dionysius Exiguus übersetzt (Migne, P. L. 67, 417—432) „il n'a aucune analogie avec les deux autres." Vielleicht doch; wenigstens ist es auffallend, dass dieselbe Quelle, die uns die Akten Sylvester's syrisch erhalten hat, uns auch vom Haupt des Täufers erzählt. Ausserdem finden sich die beiden Feste in den syrischen Lektionarien beisammen;

s. Hall, Journ. of the Soc. for Bibl. Litt. and Exeg. June and Dec. 1888, p. 8.

Die Cyriacuslegende lat. Acta SS. Mai. 1, 445; griech. (cf. ibid. 362) noch unedirt cod. vat. 866 [doch siehe Gretser 2 (1734) 426]; dass der syr. Text in meiner Chrestomathia, steht p. 530 unter den Additions et Corrections. Die Protonicelegende wird für edessenisch erklärt, ebenso die Cyriacus-Sage, aber in einer Anmerkung (p. 108 n. 6) gesagt:

Cependant il n'est pas impossible que la légende de Protonicé soit elle-même dans la dépendence de faits réels, de la découverte des Saints-Lieux sous Constantin, du Culte de la Croix à Jerusalem, inauguré à tout le moins vers le même temps (Cyrille, Cat. 4, 10. 10, 9 en parle comme d'une chose ancienne), de la célébrité des édifices constantiniens de la ville sainte, enfin du voyage d'Hélène elle-même en Palestine. S'il en est ainsi, cette légende ne pourrait être antérieure au milieu du IVe siècle environ. Ce n'est que depuis la fin du IVe siècle que les écrivains latins et grecs mettent le personnage de sainte Hélène en rapport avec le fait précis de la vraie Croix. Er kommt damit zu demselben Ergebnis, das ich in den GGA. 1880, 48 in der Anzeige von Lipsius' Abgarsage nur mit etwas grösserer Bestimmtheit ausgesprochen hatte, dass ich in der Protonicelegende ein Gebilde der christlichen Phantasie sehe, das zwar auf dieselbe Thatsache zurückführt, wie die Helenalegende, nemlich das Vorzeigen des Kreuzes in Jerusalem, auch so ziemlich derselben Zeit angehört wie diese, aber völlig unabhängig von ihr und wohl auch noch etwas früher als sie in Edessa entstanden ist, während diese dem Abendland angehört." Wenn Tixeront p. 190 n. 1 an letzterer Aufstellung Anstoss nimmt, geschieht es nur infolge des missverständlichen Ausdrucks „Abendland". Als „Syriker" rechnete ich im Gegensatz zu Edessa und zum Perserreich das ganze Römerreich zum Abendland und dachte bei diesem Ausdruck genau an dasselbe, was Tixeront l'orient, l'orient grec nennt, das vom Kaiserhof in Konstantinopel beeinflusste Gebiet. Wie die Legende in Rom oder Gallien hätte entstehen sollen, wo sie im liber Pontificalis, im pseudogelasianischen Dekret und in Gregor's Geschichte der Franken zuerst uns begegnet, ist allerdings nicht einzusehen.

Hinsichtlich der Silvestersage verweist Duchesne auf Döllinger's Papstfabeln (so auch 115b. n. 3), Lipsius, A. Frothingham, seine eigene frühere Studie sur le L. P. 165—173, à laquelle j'ai beaucoup ajouté ici, sur ce point comme sur bien d'autres. — In 3 Sprachen sei das Leben Sylvesters vorhanden, syrisch, griechisch, lateinisch; syrisch doppelt, bei Land 3, 46—76, und noch nicht veröffentlicht in Add. 12174 des Brit. Museums. Ces deux textes semblent être traduits du grec, indépendamment l'un de l'autre; la rédaction inedite est un peu plus diffuse et plus complète que l'autre. In einer Anmerkung fügt er bei (109, 3): Je reproduis ici le jugement de M. A. Frothingham, qui a pu étudier ces textes directement et à loisir (l. c. p. 20). Il m'est impossible de le contrôler en ce qui regarde le texte du MS. Add. 12174; quant à celui qui a été publié par M. Land, M. Frothingham exagère beaucoup en le donnant comme une „version littérale“ de la rédaction grecque. Mon collègue M. l'abbé Martin, et l'un de ses élèves, ont bien voulu m'en traduire quelques passages; la comparaison montre que cette rédaction syriacque, bien qu'elle dérive du texte grec, n'en est pas une version fidèle, mais un remaniement abrégé. Ich habe vor Jahren dieselbe Vergleichung angestellt und drucke unten was ich mir damals exzerpirte. Einstweilen zurück zu Duchesne. Griechische Texte gebe es mindestens 3, alle ungenügend bekannt.

1. Bei Lipomanus und nach ihm bei Surius (Vitae SS. 6, 1173—1187) 31. Dec. lateinisch als aus dem Griechischen des Metaphrasten übersetzt, bei dem es sich aber weder in Migne's Patrologie noch in einer der Pariser Hdss. finde.

2. Bei Combefis (1659) nach einem cod. Mazarinaeus

= 513 der Pariser Bibliothek. In mehreren Hdss. derselben Bibliothek finde sich un texte identique pour le fonds mais mieux conservé en bien des endroits (z. B. P. 1449).

3. Un autre texte grec, entièrement différent du précédent quoique racontant identiquement les mêmes choses et de la même façon, phrase par phrase. Von Combefis schon erwähnt (337) sei er von Batifoll in gewissen Hdss. der Pariser Bibliothek wieder aufgefunden worden, z. B. 1448 f. 1. Gegen den Schluss wird er mit Nr. 2 identisch; mais il y en a assez pour que l'on puisse y reconnaitre une nouvelle tentative du traduction.

4. Im Lateinischen sind alle Hdss. identisch, und dieser Text sicher le texte original d'où dérivent toutes les rédactions grecques et syriacques. Das Lateinische bisher nur gedruckt in Mombritius, Sanctuarium, sive Vitae sanctorum collectae ex codicibus mss. Mailand, s. a. [c. 1475] II, 279, ergänzt von de Smedt, in den Analecta Bollandiana 1, 613 und in seinem Catalogus codd. hagiographicorum bibl. reg. Bruxellensis p. 5, 119 (même collection).

Duchesne giebt nun zunächst den Inhalt der Vita Silvestri (§ 51) auf Grund des (lat.) ms. Paris. 5301, in welchem am Schluss noch 2 im Griech. fehlende Stücke stehen, von der Gründung von Konstantinopel und der Auffindung des Kreuzes, welch letzteres mit der Cyriacus-Legende nichts gemein hat.

§ 52 sucht zu beweisen — vgl. das Wortspiel feria & feriae, römische Gebräuche, römische Lokalkenntnis — que la vie de Silvestre telle que nous l'avons maintenant, a été rédigé en Rome et en latin, et que tous les textes grecs, avec les versions orientales, qui en dépendent, n'en sont que des reproductions plus ou moins.

Aber, so belehrt uns § 53, le fond n'est pas romain; die Sprache ist nicht die lingua rustica ähnlicher, echtrömischer Legenden, sondern eine korrekte, fast litterarische, wie sie von Dionysius Exiguus, Gelasius, in der päpstlichen Kanzlei des V. und VI. Jahrhunderts gehandhabt wurde; die Erzählung knüpft sehr wenig an römische Lokalitäten an, atmet, z. B. in den langen Gesprächen und in den Wundern, durchaus unrömischen Geist. Dionysius Exiguus übersetzte die im Gelasianum mit diesem Stück erwähnte Geschichte des Täufers: Sans aller jusqu' à lui attribuer les Actus beati Silvestri, on peut dire au moins que cet ouvrage a pu sortir d'un cercle littéraire analogue à celui, où travaillait le canoniste scythe, personnage instruit, mais d'un sens critique et même d'une sincérité qui n'étaient pas toujours à l'épreuve.

§ 54. Date de la Vita Silvestri; sa fortune en Occident; sa diffusion en Orient.

Abgesehen vom pseudogelasianischen Dekret wird es vorausgesetzt vom Constitutum Silvestri, als liber antiquus mit Nachdruck erwähnt in den Gesta Liberii, also parmi les apocryphes symmachiennes de l'année 501, datés avec plus de précision que l'index et sans doute antérieures à lui; dann im liber Pontificalis, bei Fortunatus (s. Additions p. 530), Gregor von Tours, Beda u. s. f.

Die syr. Hds., welche die Legende enthält, stammt schon aus dem VI. oder VII. Jahrhundert, Leontius von Jerusalem citiert sie gegen Ende des VI. Jahrh. (Mai, scr. vet. 7, 134. Migne, P. G. 86, 1835); Malala setzt sich mit ihr auseinander (Script. hist. Byz. Bonn 1831. 316/7); Dionysius von Tellmahar schöpft aus ihr.

Aus den weiten Zusammenhängen der Legende greift § 55 den Bericht über die Taufe Konstantins heraus und zeigt, dass er nicht auf römischem Boden entstanden sein kann. § 56, dass er auch nicht von Zosimus abhängt (Frothingham p. 14); auch die Beziehung des Mosaiks in der Kirche des S. Polyeuctes in Konstantinopel (Anthol. gr. (Didot) 1, 3, Duchesne, étude 172, um 500) ist nicht zwingend; elle est d'origine orientale § 57, doch nicht Egypten, eher Armenien (Moses), am wahrscheinlichsten um Edessa und Nisibis. Im Lateinischen weise noch einiges auf nestorianische oder theodorische Tendenz, die im Griech. (und Syrischen) verdeckt sei (Combefis p. 309; die Übersetzung von Land mitgeteilt von M. l'abbé Le Gac).

„Redaction primitive perdue“ ist der Inhalt des Schlussparagraphen 58. Duchesne ist geneigt, in den beiden Episoden von Konstantin und Helena nur unbedeutende Änderungen anzunehmen, etwa die Einführung der 2 Peterskirchen und des Lateran, der Basilica Ulpiana, des Berges Syraptim (über die Formen s. 119b n. 2 und p. 170 des Textes; griech. Σωραπῖνον und Σαρ—; syr. Srapion und Sraption), den er für une montagne purement fictive halten möchte, dessen Gleichsetzung mit dem Soracte erst durch die Legende veranlasst sei. Im ganzen betrachtet er diesen Teil non seulement comme l'expression d'une légende imaginée en Orient, mais encore comme la calque fidèle d'un récit sorti d'une plume orientale. Wem diese Odysse der Legende fremd erscheine, den verweist eine letzte Anmerkung auf den ganz ähnlichen Gang, welchen die Alexislegende gemacht habe. Man vergl. über letztere die mir bis jetzt nur aus Th.L.Z. 89, 12 dem Titel nach bekannte Studie von A. Amiaud, la légende syriaque de Saint Alexis l'Homme de Dieu. Paris, Vieweg 1889 (Bibliothèque de l'école des hautes études fasc. 79). —

Soweit Duchesne; meine Vergleichung von Land-Combefis stammt aus dem Jahr 84; Combefis, den ich auf keiner württembergischen Bibliothek erhalten konnte, stand mir eine Zeit lang von München zur Verfügung; heute, wo ich diese Materialien zum Druck senden muss, ist weder er noch Land III in meiner Hand. Folgendes ist der genaue Titel:

Sancti / Silvestri / Rom. Antistitis / Acta antiqva / probatiora. / Ex dvplici altero regio / Medicæo, altero Eminentissimi Cardinalis / Mazarini [,eras.] vetusto Codice [,cal. addit.] Frater / Franc. Combefis Ordinis FF. / Prædicatorum Congregationis S. Ludouici / eruit, Latio reddidit, partim vindicauit. / Parisiis, / Apud Antonivm Bertier, viâ Jacobæâ,/ ad insigne Fortunæ. / M. DC. LIX. / Svperiorvm permissv. / = p. 253—346 + 10 + 1 SS.

Illvstrivm / Christi / Martyrvm / lecti trivmphi, / Vetvstis Græcorvm / monumentis consignati. / Ex tribus antiquissimis

Regiæ Lutetiæ Biblio/thecis, F. Franc. Combefis, / Ordinis FF. Prædicatorum Congregationis / Sancti Ludouici produxit, Latinè reddidit, / strictim notis illustrauit. / Parisiis, / Sumptibus Antonii Bertier, viâ / Jacobæâ, ad insigne Fortunæ. / M. DC. LX. / Svperiorvm permissv/. 8 + 346 + 10 + 1 SS.

Der erste Band ist Julio Cardinali Duci Mazarin gewidmet Paris 12 Kal. Dez. 1659; der zweite Alexandro Papae VII. Adit iterum Apostolicam Sedem, Beatissime Pater, Apostolicae Sedis plane Apostolicus, ac Apostolis compar Antistes, Magnus Silvester: adit vero non qualem nobis medii scilicet aevi Graeca fides furfuribus suis eidem ipsi Silvestro Antistitum Maximo . . . fuco foede aspersum intruserat; sed qualem antiqua probata, eimet Sanctae Romanae Ecclesiae ac Ecclesiis aliis piâ matris aemulatione . . . . intulerat. Adit denique ac qualis decessoris Tui Gelasii sanctissimi aeque ac eruditissimi Pontificis severissimo iudicio non displicuit, tuo iterum . . . . se placiturum . . . . Parisiis . . . . IV. Non. Nov. 1659.

Die Überschrift lautet:

Βιος του μακαριου Σιλβιστρου επισκοπου Ρωμης της μεγαλης.

Die Einleitung beginnt:

Ευσεβιος ο Παμφιλου την εκκλησιαστικην συγγραφων ιστοριαν παραλελοιπεν εκατερου [„utrinque"] ταυτα ειπειν απερ εν αλλοις συνταγμασιν εφρασεν. ενεθειχεν γαρ ἕνδεκα λογοις τα παθηματα σχεδον . . . . μεχρι του δευρο χρονου ο προρρηθεις τη ελληνικη συνεγραψατο γλωσση· τουτον δε τον βιον ουκ εξισχυσεν μεταφρασαι τουτεστιν του αγιου Σιλβεστρου. Κυριε μου, κυριε αγιωτατε και μακαριωτατε πατερ Σιλβεστρε etc.

ου μην αλλα και γυναικων παρθενων cf. syr.

gr. om. „Jerusalem & Ephesus".

47, 13 Κυρινος.

22 ܛܪܩܘܝܢܘܣ consul keine Spur; Ταρκυῖνος.

48, 24 dass nach 2 Jahren der Sohn von Miltiades gesegnet wurde, fehlt.

49, 50 syr. om. εκ της παλαιας διαθηκης.

εν τη πεμπτη μη νηστευειν.

56, 22 ܡܟܘ ܡ̇ fehlt.
57, 13 syrisch anders.
59, 18 ܚܠܦ ܥܡܟܘܢ υπερ του υμετερου γενους.
60, 1 εξ αναγκης προσκρουουσιν, ob προσκυνουσιν zu lesen.
61, 6 επι σταυρου πηγεντα, lies ܐܬܩܒܥ.
62, 27 αλλους πεπονθεναι φης.
63, 7 ειρηκα, aber dem Zusammenhang nach sicher ειρηκατε.
22 ܒܠܘܠܒܐ ܐܝܟ ܕܐܡܪܬ fehlt.
64, 1 ܢܙܟܐ νικησαι.
3 syr. om. hinter ܕܨܘܡܐ εχρην αυτου νηστευοντος του δεσποτου ηττηθηναι.
9 gr. om. ܒܢܡܘܣܐ.
65, 23 οταν τα επομενα μηδεν αυτα παραβλαψη; der Syr. scheint τα βλεπομενα gelesen zu haben; wenigstens übersetzt er gleich nachher τα επομενα mit ܕܢܗܘܢ.
gr. om. l. 10—13 bis ܡܣܟܢܐ.
η του διαβολου μορφη lies δουλου.
66, 1 syr. om. μη τοινυν προσεσχε τον πειραζομενον δεσποτην.
1—12 ziemlich frei; syr. breiter; dann wieder viel kürzer; z. B. om. ουτοσ τοινυν ει τη τιμη των επιδοξων etc. bis αλλα εκ του θανατου τον αυχενα νευων προσκυνει και ικετευει..
25 syr. add. ܢܚܒܪ bis ܡܢ ܐܠܗܘܢ.
67, 1 εκ των υμετερων, syr. liest ημετερων.
5 syr. om. αλλα τουτο μοι παρ υμων bis περι χριστου ταυτα προειρηται.
25 εις εστιν ο Χριστος omisso ܒܪܐ.
66, 8 και αμα μεν κατασχεθηναι: ܠܡܠܒܘ.
Soweit ein Teil meiner damaligen Bemerkungen.

التاجر مجده فى كيسه
والعالم مجده فى كراريسه
ἵνα μή τι ἀπόληται.

Codex Coisl. 29 olim 85 XII vel XIII. palimps. Commentare des Chrys. zu den paulin. Briefen.

fol. 174 verso in spatio vacuo infimae paginae habetur recentiori manu Epistola Abgari Edesseni ad Jesum σωτηρα. Bibl. Coisl. 83.

Cod. Coisl. 117 olim 64 findet sich fol. 234. Αναφορα Πιλατου ηγεμονος περι του δεσποτου ημων Ι. Χ. πεμφθεισα Αυγουστω.

Init. Εν εχειναις ταις ημεραις σταυρωθεντος τ. χ̅υ̅ ημων Ι. Χ. επι Π. Π.

Epistola Abagari regis ad saluatorē nostrū Jesum christū . . . Auch im Donatus moralizatus venerabilis mgri Johānis de Gerson cancellarij Parisiensis; wenigstens in der (von H. Quentel gedruckten, bei Hain fehlenden) Ausgabe Colonie 1498. 13 ff. 12°. Auktions-Katalog 13 von v. Zahn & Jaensch N. 668 (Sammlung Klemm).

Vtilitates Misse D. Scheurli. [1510?] 4°.
[Brit. Mus. 3906 cc., 15. 12. 76 von mir eingesehen.]

Epistola Pylati ad Tyberium Cesarem
„ Lentuli ad Tyberium Cesarem
„ Abgari ad Jesum saluatorem
„ responsiua ad Abgarum.

Ein Gedicht Conradi Celtis an Charitas Pirckhaimer, an dieselbe ein Brief Christophori Scheurlii, studii Bononiensis sindici. Bononie, Kal. Sept. a. 1506. 2 Seiten.

2½ S. die Briefe; dann: es erzähle Johannis Catholicon post Damascenum, der Maler habe Christus nicht malen können . . . Hec autem imago seu effigies aut Veronica nunc est Jenue in quodam venerabili monasterio et ecclesia santi Bartholomei de Ermineis. Sequuntur Utilitates Missae. Gedichte. Sept. 1506.

Abgar.

Von Luther erwähnt in der Predigt vom 24. August 1516 (Knaake 1,80); in der Predigt am Feiertag Andreä desselben Jahres, über dessen singularis affectus ad Crucem. Licet enim legenda sit apocrypha, tamen digne de S. Cruce tractat. (Ibid. S. 101.)

Sanctum Jesu Christi evangelium D. Hieronymo interprete. Acc. Abgari regis epistola ad Jesum Christum et Jesu ad eundem responsio. 2 partes in vol. Antverp. J. Steelsius. 1535. 12. Rosenthal, 62, 11, 398. 36 *M.*

La Rappresentatione di Costãtino Imperadore et di S. Siluestro Papa et di S. Elena Imperatrice. Aggiuntori un bell. capitolo in lode della santissima croce. In Siena alla loggia del Papa (vers 1580). Avec 3 figs. gr. e. b. 14 ff. 4°. Graesse 6, 31. D'une rareté extraordinaire. L. Rosenthal in München, 49, 4498. 18 *M.*

Horae in laudem Beatissimæ virginis Mariæ secundum consuetudinem Romanæ curiae . . . . addita est & epistola Agbari regis ad Jesum. Item Jesu ad eundem Agbarum responsiva epistola. Parisiis, de Marnef et Cavellat. 1585. 16°. Bl. 171b—172b griechisch und lateinisch.

Lud. de Dieu, ad Xaverianam historiam. 1610. Dort der Brief arab. u. lat. ex Bibl. D. Joh. Elichmanni (nach Fabricius 1719).

J. Gretser, s. J., opera omnia de sancta cruce. 3 tom. Ing. 1616. Fol. 18 *M.*

Some thing concerning Agbarus [so], Prince of the Edesseans, With his Epistle to Christ; and Christ's Epistle in Answer thereto.

Also Paul's Epistle to the Laodiceans, with the manner of his Death, and his Exhortation to his Persecutors.

P. 259 eines Bandes, enthaltend 55 beziehungsweise 56 of the Principal, or cheif [so] Treatises published by the Quakers about the time of their first beginning, von mir am 15. Dez. 76 im Brit. Museum eingesehen. ($\frac{224 . a\ 42}{15}$ [London? 1660?] 4°).

Exercitatio quam adversus eundem eruditissimum virum (Cave) de epistola Christi ad Abgarum Lipsiæ A. 1693 edidit Johannes Christophorus Frauendorfius Naumburgensis.
Fabr. cod. ap. N. T. 2. ed. 320*.

Loftus, an history of the invention of the Cross. 1686. S. o.

Dionysius Bar Salibi, a Clear Explanation &c. by D. Loftus. 1695. S. o.

Mag. Enevaldi Dalhusii Colleg. Medic. Alum. de Epistola quae vulgò Salvatori tribuitur, responsoria ad Abgarum, Edessae principem, Dissertatio Hafniae 1699. 4°.
(Aus Stephens 1853 p. 9 n.)

J. A. Fabricius, Codex Apocryphus N^i^ T^i^ collectus &c. Ed. secunda Hamburgi 1719.
P. 303* de scriptis quae ad Jesum Christum Salvatorem nostrum tanquam autorem relata sunt.
P. 316* über Abgar.

B. O. III, 1. 1725. Georgius Arbel. Kreuzauffindung.

Jo. Sal. Semler, Diss. de Epistola Christi ad Abgarum. Hal. 1756. 4.

Henke, H. Ph. C., de Pontii Pilati actis in causa Domini nostri ad imp. Tiberium missis probabilia. Helmstadii 1784. (Progr.)
P. XXIII.

Bar Hebraeus Chronicon ed. Bruns et Kirsch. I. (1789. 4°). Notae p. XII N. 61 zu S. 52.
De hoc litterarum commercio Abgari cum Tiberio v. doctiss.

Henke, cum quo locum communicaveram, in progr. Helmstad. 1784 [s. o.].
P. 64/5 über Helena, dazu Bernstein, specimen 1822. S. 32/3.

J. Möller, de fide Eusebii Caesariensis in rebus Christianorum enarrandis. Dissertatio inauguralis 1813.
(P. 122, aus Stephens. 1853 p. 9 n.).

Der Brief des Königs Abgar an Jesum Christum und die Antwort Christi an Abgar (Auszug aus einer nächstens erscheinenden ausführlichen Abhandlung von W. F. Rink); im Morgenblatt 1819. 110. S. 1843.

H. Reuterdahl, de fontibus historiae ecclesiasticae Eusebianae. Londini Gothorum 1826.
(P. 29 aus Stephens 1853 p. 9 n.)

Welte, Ueber König Abgar und die Einführung des Christenthums in Armenien.
Tüb. Theol. Quart. Schr. 1842.

W. F. Rink, Von dem Briefe des Königs Abgar an Jesum Christum etc.
Zeitschr. für die hist. Theol. 1843. 2. 3—26. S. 1819.

Cureton, Corpus Ignatianum p. 288 (1849).
Casaubon, Exercit. LVI. ad Ann. Baron. p. 669 pronounces τόπῳ χωρίου Ῥωμαίων to be a barbarous expression; nor indeed was it to be expected that a Syrian Bishop should write Attic Greek, or other than such as would bear evident traces of the Aramaic idiom, which indeed are manifest throughout these genuine epistles. The expression ܐܬܪܐ ܕܪܗܘܡܝܐ "the country of the Romans" is of this kind. Cf. Peshito Mc. 5, 1. Lc. 3, 1. Mt. 16, 13. Mc. 8, 10. Acts. 27, 2.
Bishop Pearson, although he does not seem to have been aware of the Aramaisms of which these Epistles abound, confirms my views by adducing a passage, which we know to have been originally written in the dialect of Edessa, in the following note. "1 Cor. 1,2. 2 Cor. 1,1. Non infrequenter

nomen civitatis aut incolarum τῷ τόπῳ adjungitur; ut in titulo Epistulae, quam Abgarus Princeps Edessae apud Euseb. H. E. I, 13, inscripsit Jesu Σωτῆρι ἀγαθῷ, ἀναφανέντι ἐν τόπῳ Ἱεροσολύμων: h. e. praecipue quidem Hierosolymis et locis circumvicinis." Of this the following is the representation in the ancient Syriac version of Eusebius in the British Musenm: ܠܝܫܘܥ ܦܪܘܩܐ ܛܒܐ ܕܐܬܚܙܝ ܒܐܬܪܐ ܕܐܘܪܫܠܡ Add. 14, 639. [Cf. Lu. 14, 37.] P. 230 to her who presideth in the place of the country of the Romans.

Cf. Benni-Gagliardi, the Tradition of the Syriac Church of Antioch. Nr. CXX, p. 84 to that Church which has the first See within the precincts of Rome and note: "Dr. C. in his C. J., translated this passage from the additional MSS. 12175 & 12618 of the B. M.: — "Quae-sedet in-capite in-loco regionis Romanorum": whilst W. Allies, from the Greek, Ἐκκλησίᾳ . . ἥτις καὶ προκάθηται ἐν τόπῳ χωρίῳ 'Ρωμαιων", has: "which presides in the fortress of Roman power." Formation of Christendom v. 2, p. 218. Neither of them fully answers our original. [Epist. ad Rom. Cod. de Prop [aganda]. (Syr.), 44, p. 88.

Cureton, Corpus Ignatianum 1849, p. 342 ff., eine Beschreibung von Manuscrit Syriaque du Fonds de St. Germain des Prés Nr. 38.

Von Munk. Recueil de Canons . . . . 284 feuilles. Ce manuscrit, qui a appartenu à Renaudot a été légué par lui à l'abbaye de St. Germain des Prés, dont la Bibliothèque, à l'époque de la première révolution, fut réunie à la Bibliothèque nationale.

1° Didascalia Apostolorum, 26 chaptres.

3° Extrait du livre de la doctrine de l'Apôtre Adi ܐܕܝ, (ou Thaddée) qui instruisit les habitants d'Édesse et de toute la Mésopotamie.

[Renaudot citirt Ign. aus diesem MS. Liturg. Or. Coll. II, 226. 491. Ob er die Doctrina Addaei irgendwo bespricht?]

Acta apostolorum apocrypha. Ex triginta antiquis codd. Gr. . . . ed. C. Tischendorf, Lipsiae 1851. LXXX. 276. 8°.

Tvende Old-Engelske Digte med oversættelser og tillæg ved G. Stephens. Kjøbenhavn, Schultziske officin. 1853. 4°. 129 pp.

Grundtvig gewidmet; enthält

I. Abgarus-Legenden Paa Old-Engelsk med engelsk Oversættelse p. 16 óversat paa Densk ved C. J. Brendt p. 22.

Det Oldengelske Abgarus-Quæde, overset Paa Old-Norsk ved Gisli Brynjúlfsson —p. 45.

II. Abgarus-Legenden paa Old-Dansk: Endnu ikke funden.

III. „ „ „ Old-Norsk 46—57.

IV. „ „ „ Old-Svensk 58—61.

V. „ „ „ Midel-Hôj-Tydsk 62—68.

VI. „ „ „ Tydsk Prosa 69 vgl. der Heiligenleben Winterteil. Augsb. 1471, 262.

VII. Abgarus-Legenden paa Nedersaxisk —73.

VIII. „ „ „ Nederlansk —78.

Zweiter Teil, S. 79 ff. Homilien. (Brit. Mus. 11595 f., von mir 15. 12. 76 eingesehen).

Anecdota sacra et profana . . . edidit Aenoth. Frid. Const. Tischendorf. Lipsiae 1855 [editio repetita, emendata aucta 1861].

P. 102/3 aus dem Chronion des Georgius Monachus Hamartolus (9. Jahrh. nach Cod. Coisl. 305 (11. Jahrh.) [u. cod. Reg. sive Imp. 1706]. Cf. Pag. 175 u. 191 ed. Paris., 308 u. 333 ed. Bonn. Im Register von PRE[2] kommt weder Cedrenus noch Georgios Hamartolos.

Cf. W. Cureton, Spicilegium Syriacum: containing remains of Bardesan, Meliton, Ambrose and Mara bar Serapion. (London 1855). Bardesanes. ܟܬܒܐ ܕܢܡܘܣܐ ܕܐܬܪܘܬܐ.
ܦ l. 1ff. ܒܣܘܪܝܐ ܘܒܐܘܪܗܝ ܡܦܣܩܝܢ ܗܘܘ ܐܢܫܐ ܢܦܫܗܘܢ
ܠܬܪܥܬܐ: ܘܟܕ ܗܝܡܢ ܐܒܓܪ ܡܠܟܐ: ܦܩܕ ܕܟܠ ܕܡܦܣܩ -
ܢܦܫܗ: ܢܦܣܩܘܢ ܐܝܕܗ. ܘܡܢ ܗܘ ܝܘܡܐ ܘܥܕܡܐ ܠܗܫܐ ܠܐ ܐܢܫ:

ܠܐ ܐܢܫ ܦܣܩ ܥܘܪܠܘܬܗ ܒܐܬܪܐ ܕܐܘܪܗܝ. ܡܢܐ ܕܝܢ ܢܐܡܪ
ܥܠ ܫܘܪܒܬܐ ܚܕܬܐ ܕܝܠܢ ܕܟܪ̈ܣܛܝܢܐ: ܕܒܟܠ

31, 13 ff. In Syria and in Edessa men used to cut off their foreskins to Tharatha: but when Abgar the King was converted to Christianity, he commanded that every one that cut off his foreskin should have his hand cut off. And from that day, and up to this hour no man cutteth off his foreskin in the country of Edessa.

What, then, shall we say respecting .the new race of ourselves who are Christians.

Ib. p. 30 letzte Linie: Ἐν τῇ Συρίᾳ καὶ ἐν τῇ Ὀσροήνῃ, ἀπεκόπτοντο πολλοὶ τῇ Ῥέᾳ, καὶ ἐν τούτῳ μιᾷ ῥοπῇ ὁ βασιλεὺς Ἀβγάρος ἐκέλευσε τῶν ἀποκοπτομένων τὰ αἰδοῖα ἀποκόπτεσθαι καὶ τὰς χεῖρας, καὶ ἐκ τότε οὐδεὶς ἀπεκόψατο ἐν τῇ Ὀσροήνῃ.

Cf. Renan Letter to Reinaud, Journal Asiatique 1852. Apr. — ob Bard. auch in Pitra's Spicileg. Solesmense oder nur Melito?

Cf. the Notes on Bardesanes.

P. 77 on Shemashgram & Avida.

P. 84 on Tharatha. Justin I. c. 27. Abgar. Bayer. Hahn, Bardes. Gnost. p. 14.

Cf. Melito. Spic. p. 44. Bacru the patrician of Edessa.

Cf. p. 91, Note. Ass. B. O. I. 415. Bayer 67.

Reliquiae iuris ecclesiastici antiquissimi graece. Ed. P. de Lagarde. Wien.

— — — antiquissimae (syriace). 1856.

B. H. Cowper. Ueber DA.

Journ. of Sacr. Litt. for Oct. 1858.

"Most probable and almost certain that the document was composed at or about the middle of the third century. If this be the case, Eusebius's authentic contemporary narrative was not written at Edessa till at most three-quarters of a century before the date at which his own work ends. The whole question is curious, and by no means without interest and importance, especially if it appear, that we have here stumbled upon one of the original sources of a remarkable chapter in the Father of Ecclesiastical History. The Greek and Latin writers after Eusebius, who refer to the subject, need not be considered, as they merely borrow from him."

B. H. Cowper, Syriac Miscellanies; or Extracts . . . translated . . . with Notes. Williams and Norgate. 1861. 8°. P. 93—112 (s. 1858.)

Réville, la Véronique une sainte Gnostique. Le Lien 1863 n. 28.
(Aus Lipsius, Pilatusakten.)

Ancient Syriac documents relating to the earliest establishment of Christianity in Edessa and the neighbouring countries . . . . . by the late W. Cureton . . . . with a preface by W. Wright. Williams & Norgate. 1864. 4°.
Cf. Schönfelder, Th. Qu. Schr. 1865, 699—704.

A. v. Gutschmid, Die Königsnamen in den apokryphen Apostelgeschichten. Ein Beitrag zur Kenntniss des geschichtlichen Romans.
Rhein. Mus. N. F. Bd. 19 (1864) 161—183. 380—401, bes. 171 ff.

B. H. C[owper], Syriac Litterature: the Acts of Addi. Journ. of Sacr. Litt. III, VII, 423—436 [1865?]

W. Wright, Contributions to the apocryphal literature of the new testament, . . . with an english translation and notes. London, 1865.
ܦܘ ܫܡܫܓܪܡ 8; p. 20 Sabinus ܣܒܝܢܐ = ܣܒܝܢܐ = Sebiane, Seviane, Σηιανός? Eus. Chron. 371.
ܦܘ 18, ܐܙܒܘܢܘܣ; p. 58 n. perhaps = Zenobius.
Cf. Journ. for Sacr. Lit.

Cf. Testamentum S. Ephraemi (Assemani, Opp. S. Ephr. Graeca II, 385—410 (Var. Lect. 433—437) &
Overbeck, J. J., S. Ephraemi Syri Rabulae Episcopi Edesseni Balaei aliorumque opera selecta. Oxonii 1865. 8. p. 137—156.

7*

Ib. p. 141 l. 25 ff. ܒܬܪ ܡܣܩܗ ܕܡܫܝܚܐ ܐܬܐ ܠܗ. ܐܘܪܗܝ
ܐܕܝ ܕܡܢ ܫܒܥܝܢ: ܘܡܢ ܗܘܝܘ ܚܠܡ ܕܒܪܐ. ܐܠܡܐ ܗܘ ܐܒܓܪ.
ܘܟܕ ܗܘܐ ܒܘܪܟܬܐ ܠܐܒܓܪ ܒܗ: ܒܝܘܡܐ [p. 142, 1] ܕܡܫܬܥܠܐ
ܡܫܝܚܐ. ܕܟܠܗ ܡܢܗ ܡܢܗܘܢ ܕܝܢ܀

Ib. Praefatio p. IX. Gregorii Barhebraei „Origenes Ecclesiae Syriacae", i. e. initium partis tertiae Chronici, maximi momenti esse nemo dubitabit. Sint quasi additamentum quoddam ad Curetonii [p. X] „Ancient Syriac Documents etc." stimulosque admoveant viris literarum Syriacarum studiosis, ut tandem aliquando Chronicon integrum in lucem proferant.

Ueber Eusebius I, 13. die Rede des Thaddaeus cf. Caspari, Quellen zur Geschichte des Taufs. I. 1866. 124. Anm. 12. „Einzelne Punkte in diesen Worten, die eine gewisse Aehnlichkeit mit den Relationen der Glaubensregel aus dem zweiten und dritten Jahrhundert haben, gehen sicher auf das edessenische Taufsymbol zurück uud andere können möglicherweise auf dasselbe zurückgehen, so wie es im dritten Jahrhundert und im Anfange des vierten lautete. Aber der eigentliche Wortlaut dieses Symbols vom zweiten Gliede des zweiten Artikels bis zum fünften (mit diesen Gliedern correspondirt, was Thaddaus über Christi Leben ausgesagt haben soll), können wir aus ihm doch nicht schöpfen, und das Nestorianum bietet in seinem entsprechenden Theil Nichts dar, was mit irgend einem Punkte in ihm eine besondere Aehnlichkeit hätte. Von der Höllenfahrt, die in Thaddäus's Rede stark hervortritt, finden wir im Nestorianum keine Spur."

Langlois, Vict., Collection des Historiens Anciens et Modernes de l'Arménie. Paris, Didot I. 1867.
Seconde Partie; Historiens syriens traduits en Armenien. Léroubna d'Edesse. Histoire d'Abgar et de la prédication de Thaddée traduite pour la première fois sur le manuscrit unique et inédit de la Bibliothèque Impériale de Paris par Jean-Raphael Émine. P. 311 ff. [s. 1872].
Cod. arm. 88 anc. fonds.

P. 317. Le document de la Bibliothèque impériale a été traduit sans aucun doute sur un ouvrage rédigé originairement en syriaque.

P. 318 n. 1. Abgar surnommé Ouchama (le noir) par les Syriens est appelé Monobaze par l'historien juife Josèphe.

Acta Sanctorum. T. 12. Oct. 28, p. 421—468 (1867).
De S. Simone Apostolo et Martyre in Perside.
De Thaddaeo Apostolo qui et Judas Commentarius historicus Jos. van Hecke p. 437.
450. De S. Thaddaeo uno ex discipulis Christi comm. praevius.
S 2. 452. Inquiritur in αυθεντιαν; nicht fides divina, aber humana. Fides historica habenda est tabulis Edessenis quae saltem a medio seculo secundo epistolas tum Christi tum Abgari servavit (sic?)

Laboubnia. Lettre d'Abgar ou histoire de la conversion des Édesséens par Laboubnia, écrivain contemporain des Apôtres, traduite sur la version armenienne du Vme siècle. 8vo pag. 58. Venezia, 1868. Tipogr. Mekhitharista di San Lazzaro.

— — Lo stesso in lingua armena. 8vo pag. 71. Venezia, 1868. Tipogr. Armena.

Eusebius ed. Heinichen. Ed. II. 1868.

J. P. N. Land, Anecdota Syriaca t. III (Sylvester).

Apocryphal Acts of the Apostles, edited from Syriac manuscripts ... by W. Wright. Williams and Norgate. 1871.
Vol. I. The syriac texts.
Vol. II. The Translation.
The Acts of S. Thomas or Judas Thomas. "The gem of my small collection." I, 171—333=II, 146—298.

R. A. Lipsius, Die Pilatus-Acten kritisch untersucht. Kiel 1871. 8°.

Müller, Fragmenta historicorum graecorum. Tom. V. Pars. 2 (1872). 313—331.
Léroubna d'Edessa etc. aus Langlois 1867 wiederholt.

Unter Vergleichung von Langlois, Historiens d'Arménie (I, 317—322) besprach Abbé Martin auf Grund der Hds. C in der Rev. des quest. histor. Septième Année. Tome Treizième. Paris, Janv. 1873, p. 28. 45 f.; „Patronikia".

Aus Moses Chorenazi theilt er eben daselbst den Brief des Tiberius an Abgar in französischer Uebersetzung mit.

Moesinger, Acta SS. Martyrum Edessenorum, Sarbelii, Barsimaei etc. Innsbruck, Wagner 1874.

Saint Pierre et Saint Paul dans l'église nestorienne par M. l'Abbé Martin. Extrait de la Revue des Sciences ecclésiastiques. Amiens (Imprimerie) 1875.

P. IX. Edesse et Séleucie eurent de bonne heure des églises florissantes. Le fait est certain, quoiqu'il ait été quelque fois nié par des écrivains dont la témérité n'a d'égale, en général, que l'incompétence. Alors même qu'on révoquerait en doute la célèbre correspondance échangée entre Jésus-Christ et le fameux Toparque arsacide Abgare[1], on ne pourrait infirmer une tradition aussi universelle que celle dont nous parlons, sans aller contre toutes les lois de la certitude historique.

Cf. Abbé Martin, St. Pierre et le Rationalisme p. 8.

Laboubnia ou Léroubna, qui a écrit l'histoire de la conversion des habitants d'Édesse.[2]

P. 9. N. 1. Nous ne pouvons discuter ici les documents si intéressants etc.

The doctrine of Addai, the Apostle, now first edited in a complete form in the original Syriac, with an English Translation and Notes by George Phillips DD. London, Trübner, 1876.

Cf. Athenaeum July 22. Academy Jan. 6. 77 (Le Page Renouf). Th. N[öldeke], L. C. Bl. 76, 29. Hilgenfeld, Z. f. w. Th. 77. 4. 574/6. E. Nestle, Th. L. Z. 76, 25. 77, 4. Z. f. K. G. III, 1, 194/5. Harnack, Z. f. K. G. 2 (1877). A.

---

1 Il existe encore sur ce point, une immense littérature, qui remonte aux temps les plus reculés.

2 Léroubna vivait au premier siècle etc.

Carriere Rev. crit. 6. Jan. 77. E. Prym, Jen. Lit. Ztg. 77, 18. Th. Zahn, G.G.A. 77, 6.

Josua Stylites, ed. Martin. (1876.)

Bar Hebraeus † 1286. Chronicon ecclesiasticum . . . ed. . . . Abbeloos et Lamy. Lovanii. 4. tom. III. 1877. S. 3. Beginnend mit einem Citat aus dem „Buch der Lehre der h. Apostel", dann erzählend, dass Thomas an dem Posten vorbeigekommen sei, den der unter dem Namen ܐܘܣܛܐ bekannte König ܐܪܕܫܝܪ in Tegrit errichtet habe; dort bekehrt er unter andern Magiern den Barhadbeschab(b)a (Sonntag) den Sohn des Miherphirzat (ܡܗܪܦܝܪܙܛܘܣ).
Schon vorher Overbeck.

Helena von Adiabene.
S. Hamburger, Realencyclopädie für Bibel und Talmud. 2. Abt. 3. Heft. Neustrelitz, 1877.

Ueber Abgar bei Moses [Chorenazi] cf. Spiegel, Eranische Altertumskunde III (1878), 225 f.

Fr. Grundt, Kaiserin Helena's [gut deutsch?] Pilgerfahrt nach dem h. Land. Dresden. Progr. Gymn. z. h. Kreuz. 1878. XII. 4°.
Cf. Siegfried, Z. f. wiss. Theol. 1880. 3. 374/5.

Im Synaxarium, das ist Heiligenkalender der kopt. Christen. Aus dem Arab. übersetzt v. F. Wüstenfeld. I. Gotha 1879.
S. 30 f. Etwas über die Kreuzauffindung.

Geschichte der Perser und Araber zur Zeit der Sassaniden. Aus der arab. Chronik des Tabari . . . von Th. Nöldeke. Leyden, Brill, 1879.
S. 391 f. Ob nicht die Wiederaufrichtung des Kreuzes auf den 14. Sept. 629 nicht 630 falle.
Cf. auch Ass. B. O. III, 1, 96.

Lipsius, R. A., Zur edessenischen Abgarsage. Z. f. pr. Th. 82. 1. 190/2.

Matthes, K. C. A., Die edessenische Abgarsage auf ihre Fortbildung untersucht. Leipzig, Hinrichs, 1882. 77 S. *M.* 1.50.
Th. L. Bl 82, 32. Knöpfler, Lit. Rundschau 24. L. C. Bl. 82, 16. O. Zöckler, Ev. K. Z. 82, 18.

Theodosius de situ terrae sanctae [c. 520—530] im echten Text und der Breviarius de Hierosolyma vervollständigt herausgegeben von Dr. J. Gildemeister. Bonn, Marcus 1882.
§ 13. „Diese Stelle bringt zu der Darstellung bei Lipsius Abgarsage S. 26 ein neues Datum." Der Name der Blutflüssigen Marosa (Mariosa, Mariossa) die Statua electrina, wie bei Gregor von Tours de gl. mart. 1, 21 ex electro, und in ecclesia, quam (statuam? ecclesiam?) ipsa Marosa fecit.
P. 10. „Für die Feier der Kreuzerhöhung [so], deren Einführung man vielfach erst dem Heraklius zuschreiben wollte, die aber in liturgischen Werken, bei denen freilich immer die Frage der Ursprünglichkeit der Texte zu erheben ist, z. B. den Sakramentarien des Gelasius und Gregorius (Muratori, Liturg. Rom. vetus I, 667. II, 119) schon früher erscheint, bildet § 84 das älteste sichere Zeugniss" (s. auch p. 11).
§ 84. Inventio [so] sanctae crucis, quando inventa est ab Helena, matre Constantini, XVII Kal. octobris, et per septem dies in Hierusalem ibi ad sepulchrum domini, missae celebrantur et ipsa crux ostenditur."
§ 86. De Constantina in Edessam LXXX, ubi Abgarus rex, qui domino Christo scripsit, manebat.
S. noch S. 13, dass die Lanze nach dem Breviarius sich in der Grabbasilika findet.

Lipsius, R. A., Die apokryphen Apostelgeschichten und Apostellegenden. Ein Beitrag zur altchristlichen Literaturgeschichte. I. Bd.
Braunschweig, Schwetschke & Sohn, 1883. IV. 633. *M.* 15.
II, 2. 1884. 431. *M.* 11.

Γεδεών, Μ. Ἰ., Ὁ τίμιος σταυρός. Ἐκκλησιαστικὴ Ἀλήθεια 1884. 15. [27.] μαρτ., p. 327a/332a.

Bonet-Maury, la légende d'Abgar et de Thaddée et les missions chrétiennes à Édesse.

Rev. de l'Histoire des Rel. 1887. 269—283.

Alfred von Gutschmid, Untersuchungen über die Geschichte des Königreichs Osroëne. St. Petersburg 1887. 4. (Mémoires de l'Académie etc. VIIe Série, T. 35 n. 1 (lu le 29 avril 1886).

S. 13. In DA „Gajus u. Claudius als Mitkaiser und in verschiedenen Hauptstädten residirend gedacht, wie das seit Diokletianus üblich war."

„Der Aufstand der Spanier . . . ist die Erhebung Galba's in Spanien gegen Nero, die in der That einen solchen Einfluss auf die Niederwerfung des jüdischen Aufstandes gehabt hat."

„Sabinos und Marinos lassen sich in armenischer Majuskelschrift leicht verwechseln."

„Olbînos . . . weist auf eine griechische Vorlage hin, in der OΛBINOC aus CABINOC verlesen war."

S. 15. „Anannus bedeutet im Armenischen »namenlos«." Hierauf hat mich einer meiner Zuhörer, Herr Dr. N. Karamianz aus Schemacha aufmerksam gemacht."

S. 17 f. Zur Zeitbestimmung im Eingang der Akten des Sharbîl und denen des Barsamyâ 416 der Griechen = 15 Trajan (112 p. Chr.). „Wahrscheinlich ist das Jahr nach Alexander aus diesem erst durch Rechnung gefunden worden, bei welcher Alexander II, unter dessen Regierung die Aera der Griechen beginnt, für Alexander den Grossen genommen, und als Epoche der Aera sein Tod angesehen worden ist: Irrtümer, die in späteren, namentlich jüdischen Quellen nicht selten sind. Vom Herbst 305 ab gezählt, ist das 416. Jahr, das Jahr Herbst 111/Herbst 112, was stimmt."

L.-J. Tixeront, les origines de l'église d'Édesse et la légende d'Abgar étude critique suivie de deux textes orientaux inédits. Paris, Maisonneuve, 1888. 201 S. 8°.

Cf. Lipsius, L.C.Bl. 88, 44. Harnack, Th.L.Z. 88, 26.

Ueber Tabellarius und Tabularius. Jacobi Gutherii, de Officiis Domus Augustae publicae et privatae libri tres. Parisiis 1628. 4°. P. 331. 525.

Ueber die syr. Form: G. Hoffmann, syr. arab. Glossen 4155.

Βερσενικη schreibt Crusius, Plut. Prov. n. 46; cf. dazu Neue Jahrbb. f. Phil. 1887. 10. 669 n. 57.

Ueber Osroene u. Orroene, v. Gutschmid, Untersuchungen p. 10 n. 1.

Görres in Hilgenfelds Zeitschrift l. c. S. 41, gesperrt! „Das kaiserliche Rescript der syrischen und armenischen Acten des Barsimäus repräsentirt also eine Steigerung der auf Trajan bezüglichen getrübten Tradition und ist demgemäss jünger als selbst das Zeitalter des Malalas [nach 565 vor 754], also frühestens gegen Ende des 6. Jahrhunderts fabricirt worden.“

Viertens das Toleranzedikt enthält einen gewaltigen Anachronismus: regia nostra majestas.

S. 45 ff. Sarbelius & Barsimäus überhaupt apokryph! denn 1., Trajan hat keinen allgemeinen Opferzwang angeordnet.

Eine Recens. v. Mösinger s. L.C.B. 75. 23 (5. Juni) 735

u. 2.) überhaupt unglaublich.

Die Berufung auf die griech. Menaeen 28/30 Januar = Menologien!

Basnage: Nos commentis ejusmodi liberandam esse censemus historiam, cui tot ex fictis Martyribus non minimum turpitudinis inuritur.

„Der angebliche Glaubenskampf der Edessener Sarbelius und Barsimäus nicht bloss nicht trajanisch, sondern überhaupt fiktiv.“

NB. 14644 (Sarbel) 5. oder 6. Jahrh.!!

Evangelienharmonie.

P. de Lagarde, Constitutiones Apostolorum 1862. P. VII.

— — Clementina 1865. P. (7), Anm.*

Th. Zahn's Recension von Phillips' DA in GGA 1877, 6.

Thomas & Thaddaeus s. Hippolytus.

Bei de Lagarde, Constit. Apost. 1862, p. 282.

Thomas. Darüber, dass nach Thilo p. 102 die Magier zu Thomas kommen und sich von ihm taufen lassen

S. v. Gutschmid, die Königsnamen in den apokryphischen Apostelgeschichten. Rheinisches Museum. 19 (1864) 161 bis 183. 380—401.

Συγγραμμα εκκλησιαστικον περι των ό μαθητων τ.κυ. Δωροθέου επισκοπου Τυρου αρχαιου ανδρος, πνευματοφορου και μαρτυρος γεγονοτος εν τοις καιροις Λικινιου και Κωνσταντινου των βασιλεων.

Chronicon Paschale ed. Dind. II, 120 ff.

P. 122. δ. Ταδδαιος ὁ την επιστολην Αυγάρῳ τοπάρχῃ αποκομίσας ἐν Εδέσσῃ καὶ ιασαμενος αυτου το πάθος.

Ib. 142. των ιβ αποστολων αι πατριδαι και τα ονοματα των γεννησαντων αυτους.

Θαδδαιος ο και Λεββαιος εκ πατρος Νεκρεφά, μητρὸς δὲ Σελήνης, Ἰταλικός.

Wichtig. Helena!

σημειωσαι δε οτι ο Λουκας τον μεν Θαδ. Ιουδαν Ιακωβου εκαλεσεν [V. 352. P. 438].

Vitae omnium 13 apostolorum, item 13 Patrum apostolicorum cum prooemio, graece. E codicibus graecis manuscriptis 255° et 551° Monacencibus nunc primum, si Deo placet, edidit Aug. Thenn, Monacensis.

Z. f. w. Th. 1887. 29. 442/55.

In Indian Evang. Rev. Juli 88.

Ein Aufsatz über die Thuma Rhagats, mit denen Verf. beim Heiligenschrein des Nanak in Dera Nanak, Bezirk Gardaspur zusammengekommen sei.

2 Rel.-Bücher, Nanak's Rel.-Buch und Buch der Thuma = Hindi-Sindhi-Uebersetzung des Mt. Ihre Wohnsitze in Scinde bei Suckhur, ihre Bücher in Seide gewickelt.

Thuma in Urdu = Thomas; Rhagat Heiliger. Ob Mystification?

Warneck 1888, Nov. 555.

Chrysostomus, hom. 26 in ep. ad. Hebr. (Montf. 12. 237); nachdem er über Propheten- und Apostelgräber gesprochen hat, sagt er: Πετρου μεν και Παυλου και Ιωαννου και Θωμα δηλοι οι ταφοι, των δε αλλων τοσουτων οντων ουδαμου γνωριμοι γεγονασι.

Zahn, Acta Joh. p. CLXIV.

Der Araberhäuptling (Crass. 21) heisst jetzt auch bei Plutarch 'Αγβαρος nicht 'Ανιάμνης.

C. Graux, de Plutarchi codice ms. Matritensi Paris 1880 (cf. auch Rev. de Phil. 5, 23) D.L.Z. 1881. 29. 1150; cf. dagegen v. Gutschmid, Untersuchungen S. 21.

Ueber Bar-Sumas, Sarbel.

Cf. Le Quien, Oriens Christianus III, 955.

Ueber Habib das syrische Martyrologium von 411.

Journ. of Sacr. Lit. IV. VIII. 1866. 429.

I. Litterarisches.

Μεσται σταυρου πασαι μεν αγυιαι
Πασαι δ' ανθρωπων αγοραι.

Gretser in der Ingolstadt Kal. Apr. 1600 datirten Dedicatio seines Werkes.

Τον δακτυλιον ο Αραψ εδωκε σιδηρου τον εκ των σταυρων πεποιημενον.

Lucian, philopseud. 17.

Constantinus Magnus Romanorum imperator Joanne Reuchlin Phorcensi interprete.

Tubingae, Anshelm. 1513. 4°. 12 Bl.

Incerti auctoris de Constantino Magno eiusque Matre Helena libellus. e codicibus primus edidit Eduardus Heydenreich. Lipsiae, Teubner 1879. VII. 30. *M.*—.60. vgl. darüber N. Jbb. f. Phil. u. Päd. 121/2. 2. 111/2, Archiv f. Lit. Gesch. 10,3. Franz Martin Schröter, N. Jbb. 1880. 9, 649. Ph. Thielemann, Bl. f. d. bayr. Gymnasien. 15, 124 ff.; G. Landgraf ebenda 465. Philol. Anz. 10, 54 ff. 56—64. Die Verhandlungen der Philologenversammlung in Trier, E. Ludwig 654 f., E. Rohde 655 f.; in der vor-

liegenden Fassung keinesfalls älter als 12. Jahrh., jedenfalls nicht in Rom, in einer Zeit als torneamenta eingewurzelte Sitte waren.
Dass das Büchlein gallischen Ursprungs, ergebe der Sprachgebrauch, der mit Claudianus Mamertus vieles gemein habe: Engelbrecht, Wiener Sitzungs-Berichte (1886). 110. 2. 536 f.

W. Ohnesorge, Der anonymus Valesii de Constantino. Inaug. Diss. Kiel 1885. 112.
cf. Görres Z.f.w.Th. 29. 1886. 504/12. Das Verhältnis zu Orosius die Glanzpartie des Buchs; Orosius vom Anonymus abhängig.

Helena: über die griechische cf. cod. coisl. 249 olim 221 membr., X circ. saec. fol. 168.
fol. 74 v. Gorgias, de Helena encomium. Init. Κοσμος πολει μεν ευανδρια, σωματι δε καλλος.
Über die adiabenische cf. D. Cassel, Lehrbuch der jüdischen Geschichte und Literatur. Leipzig 1879. § 39 h. S. 138 § 40 b.
Assemani, B. O. III. 2 (1728). p. XXXVI.
Über die constantinische s. die Citate in P. Smith, thesaurus syriacus col. 154. 211. 1011. 1016 bis (am zweiten Orte Helena, die Priesterin des Ares, die Mutter des Romulus und Remus).

Zur Etymologie und Erklärung von Helena: s. Benseler = schnell bewältigend oder gewinnend; eine ebenso hilfreiche als übelwollende Gottheit für die Schiffenden [Elmsfeuer]; stand sie doch im Zusammenhang mit Σεληνη, (Ath. 2, 57 f.).
Curtius, Griech. Etymol.[4] 1873. 541. Nr. 663 Σείρ-ιος, Σειρ Sonne, Hundsstern ... σελ-ας Glanz, σελ-ηνη Mond. Skt. svar Himmel, sûr-a-s Sonne.
Neben dieser Wurzel σερ für σϝερ hat sich im Griech. σελ für σϝελ festgesetzt. Eine dritte Form, deren Verwandtschaft schwer abzulehnen ist, ist ἑλ in ἑλ-ανη Fackel, vielleicht im Eigennamen Ελενη.
Weber, Indische Streifen III (1879) 39. 478 die Açvins

= Gestirn der Zwillinge „wie denn ihre Schwester und Braut Sûryâ sich zur Dioskurenschwester Helena (von derselben Wurzel svar) als ein weiteres Vergleichsmoment gesellt. (Lit. Cbl. 1870, 865. Jen. Lit. Ztg. 1876. 42. 656).

Palinodia des Stesichorus (Plato Phaedrus 243 a, Herodot 2, 112—120).

s. de Lagarde, Clementina (1865) p. 22.

Tholedoth cf. Rösch, die Jesusmythen des Judentums. Studien und Kritiken 1873. 1—114 f.

Spiess, Das Jerusalem des Josephus, Berlin 1881, S. 110. identificirt „die Grabmäler der Helena" mit den Gräbern der Könige im Norden von Jerusalem.

On the Country and Religion of the Empress Helena. H. M. G. Journal of Sacred Literature. Nr. XVII. April 1859. p. 96—107.

Eine Gold-Münze der Helena, Frau des Constantinus Chlorus, aus der Sammlung des Vicomte Pontont d'Amicours um 6000 frs. für das Pariser Kabinett erworben.

Constantin I. 306/37 Grosse Gold-Münze mit der Porta Nigra 8 gr. 85 10,800 für Paris im Wettstreit mit Berlin. Fausta Gattin Konstantins 2750 u. 3600. B.Ph.W.S. 1887, 21. 22.

Eusebius Commentar in Ps. 548/9. Zu Ps. 87, 11—13. Ps. 86 habe die Geburt Christi verkündigt, Ps. 87 den Tod, S. 543, specieller noch als letzter der korachitischen την καθοδον την εις τον αδην του σωτηρος ημων.

αρ ουν δια ταυτα υπελθειν με τον θανατον εβουληθης ιν εν μεν τοις ταφοις το ελεος σου διηγηθη, εν δε τη απωλεια η αληθεια σου γνωσθη· εν δε τω σκοτει τα θαυμασια σου κηρυχθη εν τε τη επιλελησμενη γη η δικαιοσυνη σου μνημονευθη· ει δε τις τον νουν επιστησειε τοις καθ ημας αμφι το μνημα και το μαρτυριον του σωτηρος ημων επιτελεσθεισι θαυμασιοις αληθως εισεται οπως πεπληρωται εργοις τα τεθεσπισμενα.

Montf. verweist auf Athanasius in Epistola Synodi Hierosolymitanae p. 199 μαρτυριον του σωτηρος, Sozomenus 2, 27 μεγα μαρτυριον.

Ib. 702 zu Ps. 103, 29 και τουτο μαθοις αν επιστησας ποιας αρα Ιουδαιων παιδων κεκτηνται διανοιας ορωντες τα μεν εαυτων σεμνα και αγια εκ βαθρων ηφανισμενα, του δε προς αυτων ατιμια περιβληθεντος σταυρω τε και θανατω παραδοθεντος το μεν του θανατου μνημα σπουδαις τε και φιλοτιμιαις τετιμημενον· τας δε δια της αυτου δυναμεως καθ ολης της οικουμενης ιδρυθεισας εκκλησιας αυξουσας δσημέραι και πληθυνουσας και ετι μετα δοξης προϊουσας.

In der Vita des **Epiphanius** von Cypern steht c. 26 (II, p. 340 der Ausgabe von Petavius, Paris 1622 fol.): μη ποιησαντων δε ημων ι' ημερας ελαβεν με νυκτος και εξηλθομεν και επορευθημεν εν Ιεροσολυμοις· και προσεκυνησαμεν την ζωην ημων τον τιμιον σταυρον του δεσποτου· εποιησαμεν δε εν τη πολει διερχομενοι τους τοπους και ευχομενοι ις' ημερας.

Vgl. auch c. 45, p. 358 απελθε, φησι, και προσκυνησον τον τιμιον σταυρον και παρεξει σοι τουτο.

Methodius de cruce aus Justins Apologie I, 55 schöpfend. Zahn Studien zu Justin S. 13.

Adorationem s. Crucis ex officio feriae VI in Parasceve edidit Steph. **Borgia** (de Cruce Vaticana Rom 1779).

Zu Zach. 14, 20 εσται το επι τον χαλινον του ιππου bemerkt **Basilius**, Neopatrensis episcopus (X J.) in seinem Commentar zu den 16 Propheten.

Τους τιμιους ηλους σημαινει, ους η μακαρια Ελήνη Κωνσταντίνω τω θειω βασιλει τω υιω αυτης ευρουσα δεδωκε και εποιησε σαλιβαριον τω ιππω αυτου και δι αυτου ενικα τους πολεμιους. A. Mai, N. P. B. VII, 1. p. IX. 1854.

Melito wrote a **Discourse on the Cross** cf. Cureton, Spicileg. Syriacum p. 52, note p. 96.

Aus Wright's Catalogue of the Syriac MSS. in the Brit. Mus.

P. 176. Lessons of the Gospel on the Commemoration of the Holy Cross.

Brit. Mus. Add. 14528 An index to the Lessons proper to the Festivals of the whole year and other occasions.

o. the apparition of the holy Cross to the emperor Constantine fol. 181 a[—b].

a good regular Estrangelo of the VIth cent. Wright, Catal. p. 177 a.

P. 536. Hom. XXXI Severus, Encaenia of the H. Cross.

Jacob of Edessa letter 12172 fol. 65 ff. 2, l. To John the Stylite, fol. 85 a, beginning: ܠܪܚܡ ܐܠܗܐ ܩܫܝܫܐ ܡܪܝ ܝܘܚܢܢ: ܝܥܩܘܒ ܡܣܟܢܐ ܒܡܪܢ ܘܡܫܝܚܢ ܠܡܚܝܐ.

In this letter Jacob replies, first, to the question, why the feast of the Invention of the Cross is celebrated on the 14th of Ilūl, and what is the tradition of the Church regarding it, fol. 85 b. Cf. long extract . . . . .

He mentions his having consulted the ecclesiastical history of Socrates to no purpose. The remainder of the letter is occupied with the explanation of a passage in the 44th madrāshā of Ephraim on faith, ܥܠ ܗܝܡܢܘܬܐ, Opera, t. III., p. 79.

P. 850. Add. 12165. Homilies.

101. On the Invention of the holy Cross by the empress Helene, by Jacob of Batnae: ܡܐܡܪܐ ܕܥܠ ܫܟܚܬܗ ܕܙܩܝܦܐ ܡܢ ܗܝܠܢܐ ܡܠܟܬܐ. Fol. 337 b. See Assemâni, Bibl. Or., t. I., p. 328, No. 188.

P. 878. dd. Moses bar Kipha or bar Severus. On the invention of the Cross.

Cf. p. 877. On the wood of which the H. Cross was made.

Jacobus Sarugensis. 188 [Sermo] de sancta cruce, 189 de Constantino Imperatore & de leprae eius mundatione. Ex Actis Silvestri Papae totus hic sermo desumptus videtur.

BO. I, 328/9.

Frothingham, A. L., l'omelia di Giacomo di Sarûg sul battesimo di Costantino imperatore, publicata, tradotta ed annotata. Roma 1882. 53. 25. 4°. (Atti della r. accad. dei Lincei vol. 8°). *M.* 3.50. 4.

Cf. Am. Journ. of Philol. 3, 14.

Georgius von Arbela & Mosul c. 945/60. Ueber den Tag und die Stunde der Kreuzauffindung.

S. Assem. BO. III, 1, 525 u. meine syrische Grammatik ܡܥܡ—ܡܠܐ.

Barhebraeus († 1286) weiss von der Protonice ܦܪܘܛܢܝܩܐ s. zu Act. Ap. c. 18, 2 (ed. Klamroth 1878 p. 18, 4).

Moses Chorenazi benuzt für die Geschichte der Bekehrung Edessa's

1) die armenische Uebersetzung der DA.

2) Mesrops Uebersetzung der Kirchengeschichte des Eusebius,

3) eine dritte Quelle z. B. über die Verhüllung der Götterbilder mit Schilf (II, 33. 107,33).

Nicht auszumachen ist

4) ob Africanus darüber geredet und von ihm hierfür benutzt wurde.

S. Baumgartner, ZDMG. 40, 3 (1886) 502 f. 510 f.; derselbe weist am letztgenannten Orte darauf hin, dass die DA. armenisch sich auch in Ms. arm. No. 11 in München finde. S. Petermann, Catal. codd. mss. Publ. Reg. Monac. I,4, 125 f.

Aus der Bibliotheca Coisliniana.

Codex Coisl. 106 olim 247. XV saec. Macarii Philadelphiensis Metropolitae Chrysocephali sermones duodecim. 10. Fol. 139/151 in exaltationem sanctae crucis. Init: Εμοι μεν το χαριεστατον απαντων και μαλιστα.

Cod. Coisl. 121 olim. 57 bomb. 1343. 1.) Andreae Cretensis in Exaltationem εισ την υψωσιν. Excidit; sed recentiore manu descriptus est fol. 1.

Init. σταυρου πανηγυριν αγομεν.

37. Visio Constantini magni S. Crucis contra Barbaros. Initium deest. Fol. 106. verso., Inventio S. Crucis. Init. Η δε μακαρια Ελενη. [38 Miraculum S. Martyris Theodori].

Cod. Coisl. 121 (ol. 57) anno 1343.

55. Narratio de imagine Christi Beryti. Init. Ακουσατε πνευματικοι πατερεσ και αδελφοι. fol. 166v.

Cod. Coisl. 211 ol. 367. memb. XII circ. sec. f. 350. Canones conciliorum.

fol. 316 verso, ejusdem [sc. Nicephori C. P. Patriarchae] differentia inter imaginem et crucem Christi, syllogismis decem. Init. Ετι η εικων του χριστου ομοιωμα αυτου.

Cod. Coisl. 278 olim 363. bomb. XIV circ. f. 236. S. Germani Patriarchae C. P. Sermones et Homilia.

3. In exultationem S. Crucis: Init. παλιν εορτησ μυστηριον και παλιν.

Cod. Coisl. 285 ol. 354. bomb. XIV circ. f. 424.

fol. 414. Menandri Protectoris, de Inventione S. Crucis tempore Constantini & Helenae. Init. Εν ετει εβδομω τησ βασιλειασ Κωνσταντινου.

„Hanc historiam nondum editam existimo, vixque putarim editione dignam esse.“

Cod. Coisl. 296 ol. 83 mem. XII s.

F. 191 v. enarratio historica maxime ex imperio Theophili, de cultu sanctarum imaginum. Init. Εν οριοις Τυρου κ. Σιδωνος πολις εστι παρακειμενη Βηρυτος.

F. 195 de allato Constantinopolin pretioso sanguine & S. Ceramo, κεράμου. Init. Ο δικαιον δε εκρινα, μη σιωπη παραδουναι.

F. 198 de sacra Salvatoris imagine translata a Germano Patriarcha. Init. του αγιωτατου κ. οικουμενικου Πατριαρχου Γερμανου.

F. 200/7 Inventio S. Crucis. Init. Εν ετει εβδομω της βασιλειας Κωνσταντινου.

Cod. Coisl. 304. ol. VII. bomb. XIV. 370.

2. Andreae Cretensis Homilia in Exaltationem S. Crucis Init. σταυρου πανηγυριν αγωμεν και το τησ.

Cod. Coisl. 307. ol. 284. bomb. 1552.

54.) Aug. 16. Constantino Imperatori de Imagine Christi ad Abgarum missa & Constantinopolim translata. Init.: Ουκ αρα μονον αυτος ακαταληπτος ην.

Codex Coisl. 306 ol. 284 bomb. scr. a. 1549. Homilien:

4. Sept. 14. Alexandri Monachi, in Inventionem & Exaltationem sanctae Crucis. Init. Την κελευσιν της ημετερας πατρικης.

5. Eadem die, Inventio S. Crucis sub Constantino & Helena. Init. Εν ετει εβδομω της βασιλειας.

6. Eadem die, Andreae Cretensis in Exaltationem S. Crucis. Init. Σταυρου πανηγυριν αγομεν και το της εκκλ.

Aus dem liber pontificalis ed. Duchesne I. (1884. 85).

Im Abrégé Félicien des Liber Pontificalis heisst es: Eodem tempore fecit Constantinus Aug. basilica in palatio Sossoriano ubi etiam de ligno sanctae crucis domini nostri Jesu Christi auro et gemmis conclusit. Der Abrégé Cononien setzt hinzu: ibi et nomen dedicavit Hierusalem, was Duchesne (nach der späteren Ausgabe s. S. 179) ergänzt zu ubi et nomen ecclesiae dedicavit, quae cognominatur usque in hodiernum diem Hierusalem. (Sossorianus = Sessorianus) p. 80 f.

Xystus (III, 432—440). Huius supplicatione optulit Valentinianus Aug. imaginem auream cum XII portas et apostolos XII et Salvatorem gemmis pretiosissimis ornatam, quem voti gratiae suae super confessionem beati Petri apostoli posuit.

(Restitution) p. 89.

Hilarius 461—468.

Hic fecit oraturia 3 in baptisterio . . . et sanctae crucis, omnia ex argento et lapidibus pretiosis . . . .

Oratorium sanctae crucis confessionem ubi lignum posuit dominicum crucem auream cum gemmis, qui pens. lib. 20. ex argento in confessionem, ianuas pens. lib. 50.

super confessionem arcum aureum qui pens. lib. 4, quem portant columnae unychinae, ubi stat agnus aureus pens. lib. II, coronam auream ante confessionem, farus cum delfinos, pens lib. 5, lampadas 4 aureas, pens. sing. lib. 2, nympheum et triporticum ante oratorium Sanctae Crucis, ubi sunt columnae mirae magnitudinis quae dicuntur exatonpentaicas, et concas striatas duas cum columnas purphyreticas raiatas aqua fundentes; et in medio lacum purphyreticum cum conea raiata in medio aquam fundentem, circumdatam a dextris vel sinistris in medio cancellis aereis et columnis cum fastigiis et epistuliis, undique ornatum ex musibo et columnis aquitanicis et tripolitis et purphyreticis. I, 242 f.

Symmachus (498—514).
Oratorium sanctae crucis: ex argento confessionem et crucem ex auro cum gemmis, ubi inclaudit lignum dominicum; ipsa crux aurea pens. lib. 10.
I, 261.

Sergius (687—701).
Hic beatissimus vir in sacrario beati Petri apostoli capsam argenteam in angulo obscurissimo iacentem et ex nigridine transacte annositatis nec si esset argentea apparente, Deo ei revelante, repperit. Oratione itaque facta, sigillum expressum abstulit; lucellum aperuit, in quo interius plumacium ex holosirico superpositum, quod stauracin dicitur, invenit; eoque ablato, inferius crucem diversis ac praetiosis lapidibus perornatam inspexit. De qua tractis 4 petalis in quibus gemmae clausae erant, mire magnitudinis et ineffabilem portionem salutaris ligni dominicae crucis interius repositam invenit. Qui etiam ex die illo pro salute humani generis ab omni populo christiano, die Exaltationis sanctae Crucis, in basilicam Salvatoris quae appellatur Constantiniana osculatur et veneratur.

I, p. 374; dazu die Anmerkungen 28—30 p. 378 ff.
M. de Rossi (Inscr. Christ. t. II, p. 35) identifie cette croix avec celle que, d'après un ancien Ordo Romanus (ibid. p. 34) on portait le vendredi-saint à la station papale de Sainte-Croix en Jérusalem. L'Ordo la décrit ainsi: „Crux vero ipsa de ligno pretioso desuper ex auro cum gemmis intus cavam habens confectionem ex balsamo satis bene olente" — La croix découverte par Sergius devait ressembler beaucoup á la célèbre croix de Justin II, encore conservée

à Saint-Pierre (Borgia, de Cruce Vaticana, Rome 1779; cf. Kraus, Real-Encyklopaedie, t. II, p. 243).

die Exaltationis s. Crucis] Ce passage est le plus ancien document daté que l'on ait sur la célébration de cette fête en Occident. Il faut cependant remarquer qu'elle figure dans le sacramentaire de Saint-Denys, dit sacramentaire gélasien, dont le copiste fut probablement un contemporain de Sergius. Elle manque, au contraire, dans le plus ancien manuscrit du martyrologe hieronymien, dit d'Epternach, exécuté pour un évêque, dont Sergius lui-même fut le consécrateur (ci-dessous, note 47). Les missels gallicans ne l'ont pas; en revanche ils ont la fête de l'Invention de la sainte Croix, le 3 mai, qui manque au sacramentaire grégorien et pourrait bien n'être, dans le sacramentaire dit gélasien, qu'une interpolation inspirée par l'usage gallican. Chacun des deux calendriers, le romain et le gallican, aurait donc eu sa fête de la Croix et toutes les deux auraient été conservées, lors de la fusion qui s'opéra au temps de Charlemagne. — Quoi qu'il en soit de cette conjecture la fête d'Exaltation de la Croix a été certainement importée d'Orient. A l'origine elle semble avoir eu pour but de commémorer la dédicace de la basilique du Saint-Sépulcre, au temps de Constantin, en 335. Il est inexact de dire, comme on le fait souvent, qu'elle fut introduite à Rome par le pape Sergius. Le biographe de celui-ci en parle comme d'une fête célébrée de son temps, sans dire qu'elle soit d'institution récente.

in basilica Salvatoris — adoratur]. Ce rite solennel est décrit dans les livres spéciaux du XIe et du XIIe siècle, comme ceux de Jean Diacre, De ecclesia Lateranensi, c. 10 (Migne, P. L. t. 114 p. 1356), de Benoit, chanoine de Saint-Pierre, c. 74 (Mabillon, Mus. ital. t. 2, p. 152), de Cencius Camerarius, c. 74 (ibid. p. 209).

[Über die Feier der Kreuzerhöhung § 84 des Theodosius de situ, das älteste sichere Zeugnis bei Gildemeister S. 10.]

Stephanus II (752—757) in una vero dierum cum multa humilitate solite procedens in letania cum sacratissima imagine Domini Dei et salvatoris nostri Jesu Christi quae acheropsita nuncupatur [Var. achaereposita, acheroposita, ancheropsita, achiropyta] simulque et cum ea alia diversa sacra mysteria eiciens, proprio umero ipsam sanctam imaginem cum reliquis sacerdotibus hisdem sanctissimus papa gestans, nudisque pedibus tam ipse quam que universa plebs incedentes etc.

Dazu Duchesne p. 457.

C'est ici la plus ancienne mention connue de cette célèbre image, encore conservée dans l'oratoire Sancta Sanctorum, au Latran. Rien ne prouve qu'elle ait été apportée à Rome sous les empereurs iconoclastes. Une image de ce genre, imago s. Mariae quae per se facta est, était vénérée á Sainte-Marie au Transtévère, probablement dès le VIIe siècle (De Rossi, Roma sott., t. I, p. 143).

Hadrian 772—795. Imago existentem habentem depictum vultum Salvatoris.

Im Cod. Coisl. 201 ol. 295. XV s. Comment. resp. Catene des Nicetas diaconus zum Lucas wird unter anderem citirt aus

Silvestro ex opere contra Judaeos. Bibl. Coisl. p. 251.

Cod. Coisl. 305. olim. LXVI memb. X vel XI Georgii Chronicon citirt

fol. 224. Dialogus quidam μυθικος Sylvestri Papae.

Cod. Coisl. 307 olim. 284. bomb., scr. 1552 Panegyricus 3 Januarii f. 2. Vita S. Sylvestri Papae Romae. Init. οι μεν σεπτοι και θεοπται αποστολοι.

(Sylvester, Papa) Disputatio Christiani et Judaei, super evangel. relig., c. praefat. G. Wicelii.

Mogunt. 1544.

Silvestri papae I contra Judaeos fragmenta in Script. Vet. Nova Collectio.

T. VII, p. 134. T. VIII, p. 26 laut Register in Bd. X u. in Act. class. T. X, 558/9.

Ein Citat aus den Actis S. Silvestri bei Martin v. Bracara († 580) ed. Caspari.

Ueber das angebliche Diplom, durch welches Papst Silvester das Bistum Trier, die Heimath der Helena, mit dem geistlichen Priorat über die Deutschen und Franzosen belehnt, weil Helena diese Metropole mit dem aus Judäa gebrachten Leib des Apostels Mathias (so), der Tunica und einem Nagel des Herrn, das Haupt des Papstes Cornelius, einem Zahn des h. Petrus und den Sandalen des h. Apostels Andreas beschenkt und geistig gefördert hat, s. zuletzt

W. Kleinen, die Einführung des Christentums in Köln und Umgegend. Theil I. Köln 1888. 4°. (Progr. der Oberrealschule S. 4 f. und die dort angeführte Literatur.)

Papst Sylvester. The Marquess of Bute veröffentlichte unlängst eine Engl. Uebersetzung des Breviarium Romanum, worin die Geschichte of the leprosy of Constantine and the bath of children's blood kommt und macht dazu (Feast of St. Sylvester, Second Nocturn, Fourth Lesson) die Anmerkung:

The history contained in the rest of this lesson is now rejected by all writers and the whole account of the Saint would probably receive considerable modification at any future revision of the Breviary.

Dazu macht der Schreiber, dem ich diese Notiz verdanke, ein Artikel der Quarterly Review über the Book of Common Prayer die richtige Frage: (April 1880. 432, No. 298) but why is it not revised and why are patent falsehoods permitted to be circulated?

Das Gottesurtheil durch S. Silvester im Parzival 9, 795.

Eigentümlich die grosse Rolle, die Eusebius von Rom in den Helenalegenden spielt: er ist verwechselt

1) mit Eusebius von Nicomedien, der Constantin tauft,
2) „ „ „ Caesarea, der die Helena nach Jerusalem begleitete.

Dieselbe Bedeutung des Eusebius von Rom in Hoffmann's Julianus.

Poisnel, Ch. Un concile apocryphe du pape Saint Silvestre.

Mélanges d'archéolog. VI, 1—2, mars 1886, 3—13.

Dr. H. Rinn, Culturgeschichtliches aus deutschen Predigten des Mittelalters. Gelehrtenschule des Johanneums in Hamburg 1883. [Progr. 655].

S. 26 über die Kreuzauffindung aus Leyser in exaltatione crucis (Bibliothek der D. N. L.) Hermann v. Fritzlar, Heiligenleben: Juden vergraben. Geiler: Teich Bethesda.

Der Teufel gar traurig als der Jude Judas der Helena das Kreuz gezeigt. In den Marienlegenden von Pfeiffer, dass Sylvester II sich dem Teufel verschrieben habe.

Der Sermon de inventione S. Crucis Migne, P. L. 94, 494 apocryphe et postérieur à Bède.

Duchesne, liber Pont. I. CXV, n. 5.

Rhabanus Maurus [† 4. 2. 856], Opus de laudibus sanctae crucis eruditione, versu prosaque mirificum. Pforzheim, in aedd. Th. Anshelmi, 1503 mense Martio. Mit 2 Holzschnitt. Roth u. schwarz gedruckt. Fol. *M.* 30. 22.

Graesse: Édition rarissime soignée par Jacq. Wimpheling.

Über Ausgaben von Magnencii Rhabani Mauri De laudibus sanctae crucis.

Vgl. Dr. G. Knod, Zur Bibliographie Wimpfelings. Cbl. f. Bibl. Wesen 1888. 11. 467. n. 1.

Ein Testrasthycon In rhabanum de S. Cruce ebenda 480 n. 2.

Bonini Mombritii, Sanctuarium. Hain *11544 [c. 1479] enthält lat. Bd. I, Bl. 212 f. Sanctae crucis inventio, darauf sanctae crucis exaltatio.

Ein wundervolles Ex. des seltenen Werks, das 1599 dem Colleg. Societ. Jesu Monachii gehörte und ursprünglich [von oder] für Sebastian Epersperg gebunden worden war, als Duplette von der Münchener Staatsbibliothek, jetzt in Stuttgart.

Wolphius, De imaginibus crucis s. a.

Lipsius, J., De cruce. Antverp. apud Moretum 1593 av. fig. dans le texte. fol. *f.* 2.—.
— De cruce. Vesal. 1675 av. fig. — Th. Bartholinus. De cruce Christi. Vesal. 1673. 12°. *f.* 1.50.
— De cruce. Amstel. 1670 av. fig. — Titulus sanctae crucis, authore H. Nicqueto. Antverp. 1670 av. fig. 12°. *f.* 1.50.

Lipsius, De cruce. 1594 (1606. 1640). 4°.

Bredenbach, sacrae collationes. 1600. 8°.

Rocca de particulo ex ligno crucis in apostolico sacrario. 1699. 4°.

Gretser, Hortus s. c. 1610. 4°.

— signaculum s. cr. 1612. 4°.

Pedanus, De crucis Christi per Helenam inventione. 1654. 4°.

Curti, Cor. Augustinianus. De clavis dominicis liber. Curae secundae. Ed. nov. Antverp. 1670 c. fig. aeneis. — Bartholinus, Th. G., De cruce Christi. Amst. 1670. 12°. *f.* 3.—.

D. P[apebroch], De inventione sanctae crucis per ss. Helenam et Macarium Hierosolymis. Act. SS. Boll. Mai. 1 (1680) 361—366.

Alexander Monachus, de venerandae ac vivificae crucis inventione.
Gretser, 2 (1736) 1—30, notae 31—36.
— Historicum encomium Alexandri Monachi Historiographi de inventione pretiosae et vivificae crucis 37—44.

De inventione sanctae crucis ex chronico Georgii Hamartoli bei Gretser 2, 44 f. (1736).
notae in Georgium Hamartolum. p. 45/6.

Gretser 2, 429 b—436.
Διηγησις ωφελιμοι εκ παλαιων ιστοριων συλλεγεισα και αναμνησιν ποιουσα περι της ευρεσεως του τιμιου σταυρου και των ηλων παρα της αγιας Ελενης δια του Ιουδα μετονομασθεντος

Κυριακου και περι του εγκαινισμου Ιεροσολυμων και ετερων τινων υποθεσεων.

Aus der Bibl. von Augsburg, beginnt: εγενετο κατα τον καιρον εκεινον, zuletzt über das Haus des Johannes und dass Constantin 3 grosse Kreuze machte πρωτον μεν εν Ρωμη οτε τον Μαξεντιον κατεποντισε· δευτερον δε εν Βιζαντιω και τριτον οτε την Γεφυραν εκτισεν εν τω ποταμω Δανουβιω· κατα τον τυπον ουν της ορασεως της τριτης κατεσκευασε σταυρους τρεις εκ χαλκωματος καθαρου και εκαλεσε τα ονοματα αυτων ιησους, χριστος, νικα. Dass Cyriacus mit seiner Mutter Anna unter Julian starb.

Dass die ευρεσις του τιμιου σταυρου bei Gretser 2, 426 sammt der vorausgehenden οπτασια Κωνσταντινου aus der Bibliotheca Vaticana entnommen und vorher nie gedruckt gewesen sei, ist S. 11. 12 des Index angedeutet.

Die οπτασια beginnt: εν ετει εβδομω της βασιλειας Κωνσταντινου του μεγαλου βασιλεως μηνι Ιανουαριω συνηχθησαν πληθος βαρβαρων επι τον ποταμον τον καλουμενον Δανουβιν ζητουντων διαπερασαι και πορθησαι πασαν την χωραν μεχρι της ανατολης· μαθων δε ο βασιλευς Κωνσταντινος συναγαγων απαν το ιδιον αυτου στρατευμα παραγινεται προς αυτους εν τω περαν του Δανουβιου· και πηξας το φωσατον παρα τας οχθας του ποταμου διεκωλυσεν αυτους u. s. w.

Die aufs engste damit zusammengehörige ευρεσις fängt an: ετους διακοσιοστου τριακοστου τριτου βασιλευοντος Κωνσταντινου ηλθεν η θεοφιλεστατη Ελενη η βασιλισσα η τουτου μητηρ εν Ιερουσαλημ· ητις καλως ανεζητησε το πεποθημενον ξυλον, εφ ω ο σωτηρ εστανυσθη· φιλολογησασα γαρ εμπονως την ενανθρωπησιν του κυριου ημων Ιησου χριστου και την επι σταυρου ανυψωσιν και την εκ νεκρων αναστασιν καρτερησασα η θεοφιλεστατη Ελενη η βασιλισσα της σπουδης εσπευσε δωρον αχραντον υποδειξαι· τοιουτω δε τροπω ανηυρατο τον τιμιον σταυρον· επορευθη κατ εκεινον τον καιρον εν Ιερουσαλημ μηνι δευτερω ημερα ογδοη και εικαδι του μηνος αμα στρατοπεδω πολλω.

Acta Sanctorum 18 Aug. III. 548—654. 1737.
de sancta Helena vidua Imperatrice (a Joanne Pinio).

Paciandi, de veteri Christi crucifixi signo 8°. 1746.

Borgia, de cruce vaticana 1779. fol.

Borgia, de cruce veliterna 1780. fol.

Helena in Wetzer & Welte [2]5 (1888) Sp. 1736/9. Kessel.

Friedlieb, J. H. Archäologie d. Leidensgesch. unsers Herrn Jesu Christi. Bonn 1843. 8°. *f.* —.90.

— Le même ouvr. U. h. hoogd. Dev. 1844. 8°. *f.* —.90.

Burckhardt, J., Die Zeit Constantins des Grossen. 1853. Über Helena S. 349 f. 380; über die Kreuzauffindung S. 502, auf Sybel und Gildemeister Der h. Rock von Trier. 2. Ausg. S. 15 f. verweisend.

Rev. C. Boutell, article Cross in: Encyclopaedia Britannica [9] VI. 1877.
Welcher Art das Kreuzesholz gewesen, berichten die ältesten Schriften nicht; nach früher Tradition either of cypress pine and cedar, or of cedar, cypress, palm and olive. Für die Kreuzigung verwiesen auf Lady Eastlake, History of Our Lord vol. II. Mr. Jameson, History of the Madonna & Jameson, Sacred and Legendary Art.

Sylvesterlegenden in Pfeifer's Zeitschrift 1878. 22. 145 bis 209. Bartsch, Germania 26. 57—63.

Real-Encyklopädie für protestantische Theologie und Kirche.[2] VIII, 1881.
Kreuz Victor Schultze 270/2.
Kreuzauffindung H. Merz 272/3, noch 1881 als ob es keine Abgar-Protonice-Litteratur gäbe.
Kreuzerhebung derselbe 273/4.
Kreuzeszeichen „ 274/9.
Kreuzigung „ 280/283.
[NB: ein Artikel Kreuzzüge fehlt vollständig.]

Geschichte des hebr. Buchstaben Thaw (ת). Ein Beitrag zur Urgeschichte des christlichen Kreuz-Symboles. Von H.K. Jüd. Literaturblatt von Rahmer. IX. 32/3, 4/11. Aug. 80.

Bonet-Maury, G., La légende d'Abgar et de Thaddée et les Missions chrétiennes à Èdesse [108—180].

Rev. de l'hist. des Rel. 1888. nov.-déc. 269—283. Th. L. Z. 88, 7 Sp. 182.

Inventio sanctae crvcis actorvm cyriaci pars I. latine et graece ymnvs antiqvs de sancta crvce testimonia inventae sanctae crvcis conlegit et digessit Alfred Holder. Lipsiae, Teubner. 1889. XII. (4) 56 SS. *M.* 2.80.

Holder giebt in dieser dankenswerten Zusammenstellung 1) die lateinischen Cyriacus-Akten auf Grund des cod. Paris lat. 1769 (Colb. 3653, Reg. 4235, 3) aus dem 6. oder 7. Jahrhundert, unter Vergleichung von 4 weiteren Hdss. aus St. Gallen, Wolfenbüttel, Karlsruhe und Leiden, unter Verweisung auf die beiden Drucke von Mombritius und Papebroch. Letztere weichen von den Hdss. ziemlich ab. 2) einen Abdruck von Gretser 2, 417 ff., d. h. des cod. graec. monac. 171, der einst dem Andreas Schott gehörte. 3) den lateinischen Hymnus de sancta cruce, der bei Mone lat. Hymnen 1 p. 134—137 steht und von diesem dem 5. Jahrh. zugewiesen wird. 4) eine Zusammenstellung und teilweisen Abdruck der testimonia inventae sanctae crucis von Cyrills Katechesen an bis auf Gregor von Tours und die Vita s. Theodori Siceotae († 22. Apr. 613) nach Usener. Leider werden die hergehörigen wichtigen Stellen aus der Peregrinatio virginis Aquitanae ad loca sancta, die in der Biblioteca dell' Accademia storico-giuridica IV Rom 1877 nur wenigen zugänglich sind, nicht mit abgedruckt. Die von mir nachgewiesenen Stellen aus Epiphanius und Eusebius fehlen auch bei Holder. In der Einleitung wird gesagt: ut Romana narratio a Graeca, ita haec cum uita s. Siluestri ab Edessena Mesopotamica originem traxit. Daher werden auch die syrischen Quellen kurz aufgeführt, für dieselben aber auf Lipsius und Tixeront verwiesen.

II. Legendarisches.

Ebert, Über das angelsächsische Gedicht „Der Traum vom h. Kreuz".

Sitzungsberichte Leipzig. Phil. Hist. Klasse 84, 1. 2.
vgl. dazu

Wülker, Die Bedeutung einer neuen Entdeckung für die angelsächsische Litteraturgeschichte (Sitzungsberichte Leipzig 1888. 3./4. 209/218).

Dass Cynewulf in 5 Gedichten seinen Namen als den des Dichters genannt, also um so weniger wahrscheinlich, dass das „Traumgesicht vom h. Kreuz" von ihm sei.

Historia Sanctae Crucis. Belgicè. Printed by Veldener. Culemberg 1483. 4°.

33 Bl. jedes ein Holzschnitt und 4 Verse.
s. Dibdin, Bibliotheca Spenceriana. III, 348—377.

In die Kaiserchronik aufgenommen die Legende von der Veronica.

und eine doppelte Eroberung Jerusalems durch Tiberius und Titus.

Kurz, L.G. I, 256/7.

In der Windhager Hds. in Wien 2779 Pg. XIV. fol. „Kreuzerfindung".

Gödeke, G.R. § 61, 1.

Wiener Hds. 3007. Pp. 1472 „Feronika".
ebenda § 61, 14.

H. Paul & W. Braune, Beiträge zur Geschichte der deutschen Sprache u. Literatur. IV. Band. Halle 1877.

Festschrift zum dreissigsten Juli 1877. Zarncke's 25j. Docentenjubiläum.

Friedr. Vogt (Greifswald), Über Sibyllen weissagung S. 48/101.

Sibille wisag. Gedruckt von Heynrico Knoblochtzern. 16 Bl. 4°. Von Jakob Köbel seinem Vater Claus Köbel Heydelberg zur Schleyereulen 1492 uff der eschermitwoch gewidmet. Reime.

— — 240. Sibyllen Weissagung in Reimen. Cgm. 1020 15. Jh. Pp. 4. Bl. 1—15.

— — Cgm. 746. 15. Jh. Pp. 4. Bl. 257/76. Gödeke [2] I, 394.

Auch auf der grossherzoglichen Bibliothek in Weimar eine Papierhandschrift (0,72).

Von Sybilla ist das puch geschrieben 1436 (35?) „bit got fur die schreiberin ein arm mensch."

Das deutsche Gedicht von Sibyllen Weissagung am Anfange des 17. Jahrhunderts in dänische Reime übersetzt und seitdem ein beliebtes Volksbuch.

s. R. Nyerup, Almindelig Morskabslaesning i Danmark og Norge S. 298 ff.

Ein Druck aus dem Jahr 1861 ist betitelt: Sybillae Spaadom og kong Salomons Viisdom, om hvis Underligt fordum skeet er, og hvad skee skal for den yderste Dag. Ordret aftrykt efter en Udgave fra 1777. Priis 8 Skilling. Kjöbenhavn 1861. Forlagt af, sam trykt hos Behrends Enke, Aabenraa Nr. 3. 8°. 24 S.

[nach R. Köhler, Germania 29. (17. 1884) 57].

Auch in Schweden ist 'Een skön och lyffligh Prophetia Sibyllae, stält på Rijm' seit 1626 oft als Volksbuch gedruckt.

Vgl. P. O. Bäckström, Svenska Folkböcker, II, Öfversigt of Svenska Folk-litteraturen, S. 128 ff.

[nach R. Köhler, Germania 29 (17. 1884) 57.]

A. Mussafia, sulla leggenda del legno della croce. Sitz. Ber. Wien. phil. hist. Cl. Nov. 1869. Bd. 63, 165.

W. Meyer, Die Geschichte des Kreuzesholzes vor Christus. Abh. München. I Cl. 16. Bd. I. Abt. auch besonders München 1881. vgl. D.L.Z. 82, 37. L.C.Bl. 82, 41.

Reinhold Köhler, Zur Legende von der Königin von Saba oder der Sybilla und dem Kreuzholze.
Germania v. Bartsch. N. R. 17. Jahrg. 1. Heft. 1884. XXIX, 1. [1884] S. 53/8.

Sibylla am Kidron-Steg auch im Chor der Kirche Santa Croce in Florenz von Agnolo Gaddi aus der zweiten Hälfte des 14. Jahrhunderts. (3 Bilder die Geschichte des Kreuzes vor, 5 Bilder, die nach Christus darstellend).
Abgebildet in Tavole sinottiche delle pitture a fresco fatte eseguire dalla famiglia Alberti in Santa Croce, a San Miniato al Monte e a Santa Caterina dell' Antella', Firenze 1869 (Querfolio). Vgl. auch I. A. Crowe und G. B. Cavalcaselle, Geschichte der italienischen Malerei, deutsche Original-Ausgabe, besorgt von M. Jordan. 2, 46 f. [nach R. Köhler, Germania 29 (17. 1884) 57.

Das Kreuzesholz als Steg über den Kidronbach erwähnt an den von Tobler, Zwei Bücher Topographie von Jerusalem und seinen Umgebungen 2, 37 angeführten Stellen; ferner R. Röhricht und H. Meissner, Deutsche Pilgerreisen nach dem heiligen Lande, Berlin 1880, S. 201. 271. L. Conrady, Vier rheinische Pilgerschriften des 14., 15. u. 16. Jahrhunderts. Wiesbaden 1882, S. 124. 211. Ferner in der Reisebeschreibung Martin Ketzel's von Augsburg (1476) herausgegeben von Friedrich Rhenanus in dem ersten und einzigen Hefte der Zeitschrift von F. H. Bothe.

A. Hertz, Wilhelm, Die Rätsel der Königin von Saba. Z. f. deutsches Altert. 27 (1883), 1—33 (über einen Teppich mit den Darstellungen u. die Sage selbst). cf. den Exkurs von Delitzsch, im Neuen Kommentar zur Genesis.

Wie sich in Nord-Jütland die Legende von der Sibylla und dem Kreuzesholz im Volksmund umgestaltet hat, s. bei Jens Kamp, 'Danske Folkeminder, Aeventyr, Folkesagn, Gaader, Rim og Folketro, samlede fra Folkemunde' Odense 1877, S. 34 und daraus deutsch von R. Köhler in Germania 29 (17. 1884) S. 57 f.

Über die Kreuzeslegende auch H. Suchier, Denkmäler provenzalischer Literatur und Sprache I. 165 ff. 525 ff. 620 ff. S. 166 ff. der von A. Graf in Giornale di filologia romanza 4, 99 ff. herausgegebene provenzalische Text.

Merkwürdige deutsche Prosa-Legende über das Kreuzesholz in

Keller, Nachlese zu den Fastnachtsspielen S. 122 ff.

Joseph Baader, Beiträge zur Kunstgeschichte Nürnbergs. Zweite Reihe. Nördlingen 1862. 60—63.

Aus Papieren des Claraklosters in Nürnberg, eine (der Sprache nach wohl dem 15. Jahrh. angehörende) Anweisung für Maler, wie sie die Legende vom Kreuzholz malen sollen. R. Köhler Germania 29 (N. R. 17. 1884) 55 druckt das Stück ab, das auf den Steg über den Bach und das Benehmen der Sibylla Bezug hat.

Ebenda giebt Köhler die richtige Deutung eines dies darstellenden Gemäldes in der St. Barbara-Kirche zu Kuttenberg in Böhmen. cf. Mittheilungen der k. k. Central-Commission zur Erforschung und Erhaltung der Kunst- und historischen Denkmale. Bd. 8. Wien 1882. S. 135 (mit Holzschnitt, der von Köhler a. a. O. S. 56 wiederholt ist).

Unter Christi Kreuz. Erzählungen von M. Rowel, Verfasser von „Briefe aus der Hölle." Aus dem Dänischen von Oskar Nothnagel. Zweite Auflage. Leipzig, Lehmann. 1885. S. 1—38 die Geschichte des Kreuzesholzes.

Narrative concerning the image of Messiah, which the chiefpriest of the Jews made at Tiberias [in the time of Zeno]. cf. Wright's Catalogue of Syriac MSS in the Brit. Museum. p. 176. Add. 14645, Nr. 4. fol. 60a. 12174, n. 35.

Über Abgar: Casaubonus, de imaginibus manu non factis 3, 314.

Joh. Reiske, de imaginibus Christi.

Wilhelm Grimm, Die Sage vom Ursprung der Christusbilder. Gelesen in der königlichen Academie der Wissenschaften am 1. und 22. December 1842. Berlin, gedruckt in der Druckerei der königlichen Academie der Wissenschaften 1843. 55 S. 4°. Mit einer Tafel.

Über Veronica und ihre Legende, ein Aufsatz im Bl. f. lit. Unterh. 1846, Nr. 265. Nork, Festkalender 4. Febr. (mit Abb.); in der Peterskirche nenne Baronius die riesengrosse Statue Berenice. Eine Bittschrift bei Mabillon aus dem Jahr 1249.

Das von Johann XXII. 1316 für die Riesenstatue der Veronica in der Peterskirche verfasste, 10000 Tag Ablass bringende Gebet heisst

Salve, sancta facies
Mei redemptoris,
In qua nitet species
Divini splendoris.
Impressa panniculo
Nivei candoris
Dataque Veronicae
Signum ob amoris.
Salve decus seculi,
Speculum sanctorum,
Quod videre cupiunt
Spiritus coelorum.
Nos ab omni macula
Purga vitiorum,
Atque nos consortio
Iunge beatorum etc.

Nork, Festkalender S. XXXVIII.

Zu unseren Christusbildern. Von Max Allihn. Daheim 1878. 29. 465/9.

Christus als Weltlehrer. Nach einer Wandmalerei in den Katakomben zu Neapel. Das Antlitz Christi von Hans Burgkmeier.

E. Dobbert, Zur Entstehungsgeschichte des Krucifixes. (Mit Abbild.)

Jahrbuch der K. Preuss. Kunstsammlungen 1880, 1.

Hauck, Alb. (ao. Prof. an der Univ. Erlangen), Die Entstehung des Christustypus in der abendländischen Kunst. [Sammlung etc. III, 2] Heidelberg, Winter. 1880. 26 S. 8. *M.*—.60.
cf. Th. L. Bl. 80, 27.

Only 250 copies printed. Atlas 4to. cloth, price Five Guineas, The Likeness of Christ; being an inquiry into the verisimilitude of the received likeness of Our Blessed Lord. Illustrated with 12 Portraits, Coloured by Hand, and 50 Engravings on Wood, from Original Frescoes, Mosaics, Paterae and other Works of Art of the First Six Centuries. By Thomas Heaphy. Edited by Wyke Bayliss, F. S. A. (London, Bogue).
cf. Athenaeum Aug. 13. 81. 212[c]/214[a]. Plate III „the picture Eusebius referred to as preserved at Edessa in the second century“, von St. Bartolommeo at Genoa.

„Noch vor einem Jahrhundert zeigte man in St. Sylvester (al campo Marco) das Portrait von Jesus, wie es heisst vom Heiland selbst gemalt, und welches er dem König Abgarus sandte. Eusebius führt die Briefe von Abgarus an Jesus und die von diesem an Abgarus an. Allein er sagt nichts von dem Bilde. Man behauptet, Johannes Damascenus habe es erwähnt.“
Minerva 1829. Dec. S. 483. Vorsetzblatt von Fabricius cod. Ni Ti. im Ex. der Tübinger Stiftsbibliothek.

L. Dietrichson, Christusbilledet. Kopenhagen, Gyldendal. Nach Th. L. Bl. 81, 8.

Holtzmann, H. J., Das Christusbild.
Deutsche Revue. Nov. 82. 242/4.

Schultze Viktor, Die Veronikalegende und die Christusbilder.
Daheim 1883, Nov. 25. S. 396.

Schultze, Victor. Ursprung und älteste Geschichte des Christusbildes.
Z.f.k.W. & k.L. 1883. 6. 301/315.

Gaillard, L., le vrai portrait de Notre-Seigneur. Études relig., philos., hist. et litt. 1888 août 529—547. oct. 161—174. nov. 396—416.

Maruachi, O., Un antico busto del Salvatore trovato nel cimiterio di San Sebastiano. Avec 1 planche. Mélanges d'arch. et d'hist. 8, 3 et 4 [1888], 403—410.

Vita beate virginis Marie et salvatoris rhythmica herausgegeben von Dr. A. Vögtlin [in Basel].
Tüb. 1888. Lit. Ver. 180.
p. 138 de hemorroissa curata per Jesum V. 3944—3981; kein Name genannt.
— De imagine quam fecit ad similitudinem Jesu. V. 3892 bis 4003.
p. 139. De Abgaro rege qui scripsit epistolam Jesu Christo 4004—15.
p. 140. Tenor epistole 4016—51.
p. 141. Epistola quam rescripsit Jesus 4052—73.
— Quod Abgarus rex curatus fuit per Tatheum 4074—4143.
— de suscitatione Lazari etc.

Münz, Lukasbilder in Kraus, Realencyklopädie 2, 344, der erste der ein Muttergottesbild als vom heiligen Lukas gemalt erwähnt, Theodorus Lector (im 6. Jahrh.).
Hytrek ebenda 2, 361. Die Zahl der dem h. Lukas zugeschriebenen Madonnenbilder so gross, dass ein Methusalem-alter zu ihrer Anfertigung kaum hingereicht haben würde. [L.H.W. 1886 (417) 582].

Suidas unter διοπετες cf. Isidorus Pelusiota ep. 4. 107. το χθες και πρωην εν Αλεξανδρεια τη προς Αιγυπτον γεγενημενον· Πτολεμαιου γαρ συναγαγοντος τεχνιτας ωστε τον της Αρτεμιδος ανδριαντα δημιουργησαι μετα το εργον βοθρον μεγαν κελευσας ορυγηναι και στιβαδα μηχανησαμενος και κρυψας τον δολον εκελευσεν αυτους δειπνειν· οι δε εις το χασμα εκεινο κατενεχθεντες απεθανον. das habe er gethan ινα μηδεις ειπειν εχοι οτι χειροποιητον εστι το ξοανον vel ινα αχειροποιητος δοξη <ο> Ονομαζομενο· θεον ον και αχειρομιαντον κεκληκε.

Man solle Liebrecht zur Volkskunde 284 vergleichen, sagt Crusius N. Jbb. 87, 10, 661.

Geschichte von den Methymnäern, die ein προσωπον ελαιας ξυλου πεποιημενον aus dem Meere fischten und vom Orakel die Antwort erhielten σεβεσθαι Διονυσον Φαλληνα.

Paus. 9, 19, 3. (N. Jbb. 87, 7, 442 N. 12).

Zu Land, Anecd. Syr. 3, 324 von dem aus dem Brunnen gezogenen Jesusbild cf. Maria del pozzo, eine Kirche in Rom, weil ihr Bild in einem Brunnen gefunden, (oder Ersatz der Brunnennymphe Aegeria oder Tuturna).

Nork, Festkalender p. XII, n. **.

III. Reliquiarisches.

„Diese Säule [Constantins auf der Peutingerschen Tafel] zeigt besonders auch die für Constantin charakteristische Vermischung von Heidnischem und Christlichem; denn ihr Inneres umschloss einen Teil des Kreuzes Christi; der obenstehende Apollo trug Constantins Kopf."

Prof. Dr. Miller in einem Aufsatz über Geschichte und Entstehungszeit der Peutinger'schen Tafel. Deutsches Volksblatt. Stuttgart 1884, Nr. 16.

Aehnlich von demselben in seiner Ausgabe der Tafel „die Weltkarte des Castorius". Dagegen G. Hirschfeld in seiner Anzeige der letztern (Berl. Phil. Woch. S. 1888, Nr. 20):

Schlimmer weil folgenschwerer ist der Irrtum bei Konstantinopel. Der Verf. erkennt dort neben dem Thron die Säule, auf welchem der Apollo-Koloss mit dem Kopf des Konstantin gestanden habe . . . . Nur schade, dass die noch jetzt vorhandene Porphyrsäule, die sogenannte verbrannte Säule, auf der allgemein jene Statue gesucht wird, aus ganz massiven Trommeln besteht und niemals im Innern zugänglich gewesen sein kann, wie der Verf. behauptet und wie allerdings für die mit Fenstern versehene Säule der

Tabula bestimmt zu verlangen ist. Unter der Basis der Porphyrsäule (nicht „im Innern") ruhten jene Reliquien und Reste von Christi Kreuz."

Dass die Strahlen aus den Kreuzesnägeln gewesen seien.

S. Rösch, Astarte-Maria (Theol. Stud. u. Krit. 1888, S. 287.)

Das Orakel auf der Konstantinssäule nur aus Konsonantenschrift bestehend.

S. Alexandre, Orac. Sib. 2, 288 f.

Radegunde erhält von Justinus ein Stück des Kreuzes, während Venantius in Poitiers war.

Hauck, KG. Deutschl. I, 197.

Ein Kreuz mit einem Stück des wahren Marterholzes und andere Reliquien durch Gregor den Grossen an Reccared. 599.

Baronius ann. 599. Nork Festkalender S. 41.

Eiserne Krone zu Monza, s. Deutsche Geschichte in Verbindung mit Andern von L. Stacke, Bielefeld und Leipzig. 1880. Zu S. 174.

Sie soll von Gregor M. der Longobardenkönigin Theodelinde bei der Taufe ihres Sohnes Adaluald übersandt worden sein. Nach andern gehört sie der Zeit des Desiderius, also der Karolingischen Epoche an.

Die Benennung „Eiserne Krone" tritt erst gegen Ende des XIII. J. auf.

Die Meinung, dass der innere Eisenreif vom Kreuz Christi herrühre, hat wenig Wahrscheinlichkeit, nach der Technik der Krone ist vielmehr anzunehmen, dass derselbe nur zum Zusammenhalten der einzelnen Theile dient. Nachdem die Congregation der Riten am Ende des vorigen Jahrhunderts auf Ansuchen des Erzbischofs Visconti von Mailand die Entscheidung getroffen, dass dieser Ring als eine von den Nägeln des h. Kreuzes herrührende Reliquie zu betrachten sei, ordnet Domherr Bock, eine Autorität auf diesem Gebiet, dessen grossem Werke über die Krönungsinsignien des h. r. Reichs wir diese Daten entnehmen, „seine Meinung diesem Ausspruche unter." Bock ist der Meinung, dass die Krone aus der letzten Hälfte des IX. J., aus der Zeit des Langobardenkönigs Berengar I stammt.

Aus'm Weerth, E., Das Siegeskreuz der byzantinischen Kaiser Constantinus VII. Porphyrogenitus und Romanus II. und der Hirtenstab des Apostels Petrus mit v. Holzschn. u. 4 Farbendrucktfln. Bonn 1866. Imp. Fol. *M.* 3.—.
[= byz. Kreuzreliquiar in Limburg a. d. Lahn.]

Ein goldener Reliquienbehälter in Form einer Bügeltasche mit Steinen besetzt und mit Schmelzarbeit verziert. Es enthält besonders heilige Ueberreste: einen Splitter des heiligen Kreuzes und Reliquien von Christus selbst und dem Apostel Petrus . . . gar nicht unwahrscheinlich, dass dieses Herforder Reliquiar aus dem Besitze des Sachsenherzogs Wittekind stammt und dass uns in ihm eine Gabe des grossen Karl an seinen Schützling erhalten ist.

P. Hartwig in Berlin: Der Schatz des Dionysiuscapitels zu Engen in Westfalen im königlichen Kunstgewerbemuseum in Berlin. A.Z. 89, 32 B.
Ebenda aus der Zeit Otto's II eine wahrscheinlich deutsche Arbeit, ein prächtiges Reliquienkreuz, in der Mitte von Perlen umrahmt, ein Bergkrystall, auf dessen Rückseite eine Engelsfigur eingeschliffen ist, darunter die Reliquie, ein Splitter vom Kreuze Christi.

Ueber das Kreuzesholz, beziehungsweise seine θηκη vgl. Gedicht 58 des Johannes Euchaita (S. 34 der Ausgabe de Lagarde's); ebenda handelt vom Kreuz 145, 182, 12. 174, 185, 24.

Kreuzpartikeln in den Altären von Hirschau.
S. codex Hirsaugiensis ed. Schneider Württembergische Vierteljahrshefte 1887. 4. (Stuttg. 1888) S. 21 (vom Jahr 1091) S. 24 (1471 u. 1487).

Ueber das h. Grab und Kreuz zur Zeit der Kreuzzüge.
S. Röhricht, Syria sacra in Z.D.P.V. 1887, 9 (17. 20) 42. 43. 44. 47.

Ein Nagel vom Kreuz Christi durch Helena auf Cypern.

S. Pilgerfahrt des russ. Abtes Daniel 1113/5 Z. D. P. V. 1884, S. 22.
Ueber die Auffindung ebendaselbst S. 26/8. Kreuzerhöhung S. 28 oben.

Art. 122 der (sogenannten) Regel der Tempelherrn, wie die Artikel von 77 an, späterer Zusatz, setzt den Besitz des h. Kreuzes voraus, ist also vor 1187 entstanden.
Prutz in Königsberger Studien 1 (1887) 171.

Ueber die Niederlage Balduin's II 1223 und die Verbringung des wunderthätigen Kreuzes nach Bromholm.
S. Mathaeus Paris (ed. Wats, Lond. 1684 p. 268); aus Wernicke, Triumphbogen und Triumphkreuz in: Christliches Kunstblatt (Stuttgart) 1886. 6.
Ebenda: das Hängekreuz im Ulmer Münster mit Abbildung.

Nördlich vom Vesuv in der Stadt Ottajano .... hat der Fürst von Ottajano ein stattliches Schloss und einer von dessen Vorfahren brachte von einem Kreuzzuge ein Stück des h. Kreuzes aus Jerusalem in seine Heimath mit. Diese Reliquie gilt noch heute in der gesammten Gegend weit und breit als ein schützendes Palladium. Sie schützt die Stadt unbedingt vor einem Ausbruch des Vesuv und die feierliche Procession an jedem dritten Mai hat den Zweck, der gesammten Umgegend Fruchtbarkeit, namentlich aber eine gesegnete Weinernte zu verschaffen. Als Schutzpatron waltet dort übrigens der h. Michael und in der Krypta der grossen Kirche des letzteren ward uns die obengenannte Reliquie gezeigt, ein aus kostbarem Holz verfertigtes, mit werthvollen Steinen besetztes Kreuz, welches das durch Glas sichtbare Palladium umschliesst.
Drei Heiligthümer. Ein Blatt aus dem religiös-kirchlichen Leben Süditaliens. A.E.L.K.Z. 84, 23, Sp. 543.

Im Kloster des h. Antonius von Padua. Zwei Reliquiarien mit Stücken vom h. Kreuz.
S. das von W. v. Goethe herausgegebene Inventarium bibliothecae et sacrarii Conv. S. Antonii ao. 1396 (cod. Nr. 572, 4°, membr. p. 48.)

Ein Stück vom h. Kreuz (neben der h. Lanze) als Reliquie in Nürnberg gefeiert (13 Tage nach Passa ausgestellt) in (Hartmann Schedel's) Chronicon Nurembergense Koburger 1493, dabei Abbildung fol. C.

Ebenso von Helius Eobanus Hessus in Hexametern Petreius 1532. 4° fol. f. II.ʳ

In Rhodus zeigte man 1506 dem Jerusalemfahrer Caspar von Mülinen „ein huibsch stuck fom helgen Kruicz."

Z.D.P.V. 1888. 187.

Demselben in Jerusalem die stat, do sant Elene das Kruicz Christi fand, dorby ist die Kapel sant Helenen, do sy die drui Kruicz inleit nach dem und sy sy funden hat; do ist ein altar.

Ibid. S. 190.

Ebenso den Bach Zedron, als man liest in dem ewengelgio Johannes: Egressus est Johannes [sic] trans torrentem Cedron und das doruiber lang das helig Kruicz fuir einen steg lag. S. 192.

Es ist ouch ablas fuir pin und schuld . . an dem end, do ein stuck fom Kruicz ist gestanden . . . item do sant Elene das hellig Kruicz hat gefunden . . . S. 194.

Dass man aus dem Holz der Kreuzessplitter ein ganzes Lastschiff bauen könne, sagt Erasmus irgendwo.

Nach der Revue de l'art chrétien haben

11 Kirchen Roms 19 Dornen von der Dornenkrone,
3 „ „ Stückchen von solchen,
7 „ „ Stücke vom Kreuz,
2 „ „ 2 Kreuzesnägel.

Nachbildungen zu haben z. B. in S. Croce von der Ueberschrift vom Kreuz des Herrn und vom Kreuzesnagel.

A.E.L.K.Z. 88, 20.

Der Titulus von Santa Croze in Rom, abgebildet in Schuster-Holzammer's Religionslehrbuch (⁴ S. 422), in M. V. Sattler (königl. Prof. u. Vorstand der Dreifaltigkeitskirche), Führer durch das Panorama der Kreuzigung Christi von Pinglheim 1886, S. 8 f., von letzterem und von de Waal (Kraus, Realencyklopädie 2, 871), nicht von ersterem für unecht erklärt.

Die vielen Kreuze, Kreuzfragmente, Nägel etc., die man um ihrer Vielfältigkeit willen nicht für echt halten kann, deutet Daumer wie folgt: Man liess Menschen, die am Charfreitag den leidenden Christus spielten, das Schicksal desselben wirklich erfahren, die Nägel, mit welchen sie ans Holz geheftet wurden, erhob man zum Gegenstande der Verehrung. Nork bemerkt dazu (Festkalender S. *44*): Diese Theorie würde auch die ihrer Vielheit wegen verdächtigen Grabtücher rechtfertigen.

(Daumer, Geheimnisse des christl. Altertums, Bd. II). Der Molochdienst!

Von Zeit zu Zeit liess sie sich eine Partikel vom Kreuze reichen, um dieselbe mit Innigkeit zu küssen. Die Fürstin Gallitzin nämlich, auf ihrem Sterbebett.

(Beyschlag D. Ev. Bl. 1884, 556 nach Galland 218).

Grossfürst [Constantin] und Grossfürstin hielten in ihren Händen [als sie am 15. Mai zur feierlichen Messhandlung in die heilige Grabeskirche gingen] goldene Kreuze, in denen Stückchen vom Kreuz Christi Geschenke für die hohen Träger verborgen waren.

C. Tischendorf, vom heiligen Lande, S. 208.

Wiblingen, 19. Sept. Gestern wurde unter überaus grossem Andrange des Volkes das sogenannte Kreuzfest gefeiert. Morgens 9 Uhr begann die Festpredigt, gehalten von dem hochw. Kaplan Magg in Ulm, worauf levitiertes Hochamt folgte. Genanntes Fest wird begangen zur Erinnerung an die Erhöhung des hl. Kreuzes durch die Kaiserin Helena. Hier wird es festlich abgehalten, weil in hiesiger Klosterkirche eine Partikel des hl. Kreuzes aufbewahrt wird. Dieselbe hat eine Höhe von 15 cm, von den beiden Querbalken hat der obere eine Länge von 4 cm, der untere von 6½ cm. Die ganze Reliquie war bis zur Säkularisation des Klosters (1806) in reines Gold gefasst, jetzt besteht die Fassung aus Messing und Glas. Die Partikel befindet sich hier seit dem Bestehen des dem hl.

Martinus geweihten Benediktinerklosters zu Wiblingen, welches das erlauchte Bruderpaar Hartmann, regierender Graf zu Kirchberg und dessen Bruder Otto, Graf zu Brandenburg im letzten Jahrzehnt des 11. Jahrhunderts unter Pabst Urban II. gründete. Beide Grafen hatten den ersten Kreuzzug unter Gottfried von Bouillon mitgemacht (1093—1099) und nach den vorhandenen Urkunden diesen Teil des Kreuzes Christi „pro laboris praemio" in Jerusalem erhalten. Das Kloster hatte sich stets grosser Gunst von Seiten ihrer Stifter und deren Nachkommen bis zu ihrem Aussterben (1220) zu erfreuen und dieser Umstand trug gewiss nicht wenig dazu bei, dass in früherer Zeit das Kreuzfest grossartig begangen wurde. Zur Zeit der Säkularisation kam das Fest mehr und mehr in Vergessenheit und nimmt erst seit den letzten Jahrzehnten wieder einen erfreulichen Aufschwung [sic; Ulmer Schnellpost, ein bis vor kurzem freisinnig geleitetes Blatt: o deutsche Presse! vgl. de Lagarde, Mitteilungen 3, 247 n. u. an andern Orten.]

Zurückbringung einer gestohlenen Kreuzpartikel in G— in Württemberg durch eine Novene zum h. Herzen Jesu.

Cf. Keller, Geschichten v. h. Herzen Jesu.

Der aromatische Thymian oder Feldkümmel heisst bei den Wenden und Russen das „Seelchen der Alten" Baby-duŝka und bildet den Hauptschmuck der Kirchen in Südrussland am Feste der Kreuzeserhöhung. (Die slawische Göttin Baba zur Gottesmutter geworden).

Kleinpaul, A. Z. 1889, 177 B.

Nachtrag.

Die Legende von der ersten und zweiten Kreuzauffindung syrisch auch in Berlin, cod. Sachau 222. Nach der Alexis-Legende (s. o. S. 79) machen Kaiser, Erzbischof Innocentius, Senat und Volk am Gründonnerstag eine Prozession zur Peter- und Pauls-Kirche in Rom, indem sie das Leben gebende Kreuz trugen, in welchem ein Stück von dem kostbaren Kreuzesholz ist (angeblich im Jahr 410 oder 414; s. S. LXII. 13 f.); eben da schwört einer „beim Holz des Kreuzes", s. S. 22 des syrischen Textes und seine Varianten. [12. 8. 89.]

Druck von W. Drugulin in Leipzig.